Nos Portais do Além

Nos Portais do Além

1-6-08-7.000

Direção editorial: **Flávio Machado**
Assistente editorial: **Dirce Yukie Yamamoto**
Chefe de arte: **Marcio da Silva Barreto**
Capa: **Júlia Machado**
Imagens da capa: **Dzianis Miraniuk e Jmci / Dreamstime.com**
Diagramação: **Ricardo Brito**
Revisão: **Luiz Chamadoira**
Auxiliar de revisão: **Adriana Maria Cláudio**
Fotolito da capa e impressão: **SERMOGRAF – Artes Gráficas e Editora Ltda.**

Dados Internacionais de Catalogação na Publicação (CIP)
(Câmara Brasileira do Livro, SP, Brasil)

Serrano, Admir.
Nos portais do Além : a ciência e as mais extraordinárias experiências de quase-morte – EQM, comprovando que há vida após a morte / Admir Serrano. – São Paulo : Petit, 2008.

ISBN 978-85-7253-165-8

1. Espiritismo 2. Experiências de quase-morte 3. Mediunidade 4. Vida futura I. Título.

08-03472 CDD: 133.9013

Índices para catálogo sistemático:
1. Experiências de quase-morte : Vida após a morte : Espiritismo 133.9013

Impresso no Brasil, no inverno de 2008.

Prezado leitor(a),

Caso encontre neste livro alguma parte que acredita que vai interessar ou mesmo ajudar outras pessoas e decida distribuí-la por meio da internet ou outro meio, nunca deixe de mencionar a fonte, pois assim estará preservando os direitos do autor e conseqüentemente contribuindo para uma ótima divulgação do livro.

Nos Portais do Além

Admir Serrano

petit editora

Rua Atuaí, 383/389 – Vila Esperança/Penha
CEP 03646-000 – São Paulo – SP
Fone: (0xx11) 2684-6000

Endereço para correspondência:
Caixa Postal 67545 – Ag. Almeida Lima
03102-970 – São Paulo – SP

www.petit.com.br | petit@petit.com.br

Outro livro de sucesso do mesmo autor:

– *Morrer não é o fim*

O QUE VAI ACONTECER QUANDO CHEGAR a hora da nossa partida? Vamos sofrer? Alguém virá nos buscar? Para onde iremos? Nos encontraremos com aqueles que nos precederam? Descubra neste livro – todo ele dedicado à eternidade da vida – ocorrências verídicas que, analisadas à luz da ciência, ajudam a responder a essas e a muitas outras dúvidas sobre a desencarnação. A perda do corpo não significa o final de tudo! Um dia, em espírito, nos desprenderemos da matéria e, por algum tempo, viveremos assim até a próxima encarnação. Quem se foi não morreu, está bem vivo em algum lugar... Acredite: quem é vivo nunca desaparece – as provas estão neste livro.

Agradecimentos

A DEUS... POR TER-ME DADO A BÊNÇÃO DESTA ENCARNAÇÃO E por mostrar-me que meus próprios erros são os "remédios que me curam e me fortalecem". Sou-Lhe grato também pela oportunidade, ainda que singela, de ser útil aos meus irmãos da Terra com o meu trabalho.

Aos mensageiros da luz, que, mesmo que eu não os perceba a meu redor, não me desamparam – e disso sou testemunha.

À minha querida família – esposa e filhas em cujo convívio encontro minha paz – pela paciência, compreensão e apoio que me dão na busca de meus sonhos.

E a todo o pessoal da Petit Editora pelo carinho (e paciência!) que tem com seus autores e pela seriedade com que trabalha na divulgação da Doutrina Espírita e de nossos livros.

E que Deus nos abençoe a todos!

Sumário

Prefácio do autor

Nos portais do Além é meu segundo trabalho objetivando estabelecer bases científicas e factuais como provas suficientes para que o ser humano saiba, com absoluta certeza, que ele é um ser imortal. Intuitivamente, todos sabemos disso, uma vez que todos somos espíritos, mas o peso e as restrições impostas pelo corpo físico fazem com que muitas vezes passemos uma vida inteira crendo que, ao morrer, deixaremos de existir.

E isso basta para que se estabeleça em nosso ser um medo terrível e angustiante do fenômeno mais certo e mais natural de toda a nossa vida na Terra – a morte.

Em *Morrer não é o fim*, meu primeiro livro, abordei aspectos relacionados aos fenômenos da morte física e às várias maneiras de comunicação entre os vivos do Além com os vivos da Terra. Desde a presença dos espíritos de seres queridos para ajudar alguém prestes a desencarnar, o contato dos seres que se foram com os que ficaram, a intervenção dos "anjos" (que não são outros senão os espíritos de homens e mulheres que um dia habitaram a Terra, e muitos deles nossos parentes e amigos) e a reencarnação.

Em *Nos portais do Além* trato de um fenômeno que poderá vir a ser fundamental na comprovação científica da sobrevivência da *alma* humana – a chamada *experiência de quase-morte* – EQM. Mas *alma* não é o termo que a comunidade científica pesquisadora desse fenômeno dá a essa parte do ser humano que, como todo espírita sabe, sobrevive à morte do corpo físico. Em lugar de alma, chamam-na de consciência ou mente.

Chamem-na como queiram, é importante que a ciência investigue tal fenômeno e, se possível, que consiga, se não provar a imortalidade cientificamente, pelo menos estabelecer a possibilidade de que algo no ser humano seja capaz de sobreviver à morte do corpo físico.

E por que é importante que essa possibilidade seja estabelecida cientificamente?

Eis a resposta: porque é importante para sua evolução que o ser humano saiba, ainda nesta existência, que é imortal. Mas nem todos têm a capacidade de abstração necessária para fazê-lo por si só. Muitos ainda precisam do respaldo de alguma base autoritária, nesse caso a ciência, que poderá ajudá-los a dar o salto da fé necessário para que passem a crer em sua imortalidade e assim perder um pouco o temor da morte e não sofrer tanto quando ela chegar.

Abro *Nos portais do Além* apresentando a experiência mais fantástica encontrada na literatura das experiências de quase-morte, experiências estas que tiveram papel de suma importância no estabelecimento do próprio estudo sistematizado do fenômeno da EQM.

Nos portais do Além está repleto de relatos extraordinários de pessoas que passaram por EQM e voltaram para contar o que viram no outro lado da vida.

Sim, *no outro lado da vida.* Pois há um outro lado da vida e em espírito para lá retornaremos após nos desvencilharmos dos laços da matéria por ocasião da morte.

Mesmo o leitor mais cético e o cientista mais ortodoxo, após leitura objetiva e despreconceituosa desses relatos, perceberão que há no ser humano (e nele próprio!) algo que transcende a vida física e que sobrevive à morte do corpo.

E aproveito este oportuno ensejo para fazer uma confissão. Eu fui um desses céticos. Como estes, eu acreditava que minha vida estava confinada ao ínfimo período entre meu nascimento e minha morte e que o meu ser estava contido dentro de meu corpo físico e, morto este, eu mergulharia em um nada eterno e deixaria, para sempre, de existir.

Mas a minha incredulidade foi lançada por terra no dia em que experimentei um desdobramento espiritual, consciente do que estava acontecendo. Enquanto meu corpo permanecia adormecido em minha casa, em Miami, em espírito, no amplo domínio de minhas faculdades mentais, vi-me transportado a outros lugares. Nessa ocasião, estive em alguns lugares do Brasil, no Vaticano, no Egito e em outras partes da

Terra, movimentando-me nas dimensões físicas e extrafísicas do globo. E logo vim a descobrir que essa parte de mim que viaja pelo espaço e pela Terra; enquanto meu corpo dorme, continuo vivendo, pensando, sentindo e atuando por intermédio do perispírito, que é meu corpo espiritual.

E é exatamente isso que ocorre durante a EQM. Estando o corpo físico extremamente debilitado, clinicamente morto em grande parte dessas experiências, o corpo espiritual (o perispírito) deixa-o momentaneamente. E como a consciência está longe de ser uma "secreção" do cérebro, como a ciência materialista crê – já que a consciência precede a matéria e sobrevive sem ela, ou seja, mesmo fora do corpo, a pessoa é capaz de ver tudo o que ocorre enquanto tentam reavivar o corpo físico –, o paciente ouve as conversas entre os membros da equipe médica e, não mais retida ao solo pela força da gravidade, flutua no ar e até deixa o local, atravessando paredes e tetos e cruzando o espaço sem a menor dificuldade.

Passando à dimensão espiritual com a qual sintonizam suas freqüências vibratórias, revê os entes queridos que a precederam na morte, encontra seus mentores espirituais, recapitula sua vida até aquele momento, percebe os erros cometidos e a necessidade de repará-los e de transformar sua vida, e retorna ao corpo com uma visão grandiosa tanto da vida na Terra como na do Além.

Para os estudiosos e adeptos do Espiritismo, o fenômeno da EQM nada tem de sobrenatural, tampouco o tem a emancipação da alma durante o sono, nas chamadas experiências fora do corpo, desdobramento ou desprendimento espiritual como é conhecido no Espiritismo.

A explicação para essas ocorrências simples e claras foi-nos dada há 150 anos pelos espíritos participantes das Obras Básicas de Allan Kardec: "... o Espírito recobra sua liberdade quando os sentidos se entorpecem. Ele se aproveita, para se emancipar, de todos os momentos de repouso que o corpo lhe concede. Desde que haja debilidade das forças vitais, o Espírito se desprende, e quanto mais fraco estiver o corpo, mais livre ele estará" (*O Livro dos Espíritos*, questão 407).

E sendo a morte clínica o estado em que se encontra a maioria das pessoas que passam pela EQM, a prostração que mais se aproxima da morte, nada mais natural que vivam essas extraordinárias experiências.

De nossa parte, quando algum conhecido que esteve próximo da morte nos contar tal experiência, deveríamos ouvir com carinho e atenção, e aprendermos com ele, em lugar de apressar-nos em dizer que certamente ele estava delirando, reação muito comum ainda por parte de pessoas que ignoram esse fenômeno. Essa sugestão serve também para médicos, enfermeiras, enfermeiros, terapeutas etc. que porventura venham a ouvir tais relatos de seus pacientes.

A popularidade do livro *Life after life* (*A vida depois da vida*), de Raymond Moody (veja história completa no Cap. 3), lançado em 1975 nos Estados Unidos e publicado no Brasil pela Butterfly Editora em 2004, rapidamente tornando-se um *best-seller* mundial, serviu para trazer à tona milhares de relatos, muitos deles ocorridos há anos e que a pessoa jamais havia contado a ninguém, ou, se contado, apenas uma vez. E por que ela omitia experiências tão sublimes até mesmo de seus entes queridos?

A justificativa mais comum dessas pessoas para tal omissão era o receio de ser ridicularizada ou chamada de maluca. Em muitos casos, contou a história apenas uma vez e o fez ao cônjuge ou a um outro familiar, e se não foi explicitamente ridicularizada, recebeu um olhar de desconfiança quanto a sua saúde mental, olhar este que foi o suficiente para fazê-la calar e guardar apenas para si sua inefável experiência.

É meu sincero desejo que *Nos portais do Além* demonstre, assim como a obra de Raymond Moody e tantos outros que o seguiram, que tais experiências são comuns e servem para comprovar a imortalidade daqueles que passam por elas. E desejo também que os parentes e amigos dessas pessoas ouçam-nas com carinho e atenção, pois que poderão aprender com elas que são seres imortais.

Admir Serrano

MIAMI, FLÓRIDA, JANEIRO, 2008

um

Uma viagem de outro mundo

"*O TREM! PERDI O TREM!*", EXCLAMOU EM PENSAMENTO GEORGE Ritchie. Sentou-se rapidamente na cama e olhou desesperado para a mesinha ao lado.

"*Meu Deus, que horas são?*" Procurou o despertador mas não o encontrou.

"*A passagem, onde está a passagem?*" Tampouco estava ali.

Estranhando o lugar, olhou a sua volta. Estava em um quartinho estranho e bem pequeno. Tão pequeno que praticamente a cama o preenchia; havia somente uma cadeira no vão da porta, e a mesinha. Mais nada.

"*Onde estou? Como cheguei aqui?*", indagava-se.

Pôs-se a pensar, tentando lembrar-se de onde estivera antes de chegar ali. "*A sala do raios X! Isso mesmo! Eles me levaram para tirar a chapa dos pulmões!*"

George lembrou-se de outro fato. Ele estava tão fraco, e com uma febre tão alta, que quando o enfermeiro o soltou após ajeitá-lo em frente ao aparelho de raios X, ele desmaiou.

Era madrugada do dia 19 de dezembro de 1943. George estava em Camp Barkeley, um dos maiores centros de treinamento de soldados americanos durante a Segunda Guerra Mundial, próximo à cidade de Abilene, no Estado do Texas. George tinha sido aprovado no vestibular para medicina em Richmond, na Virginia, seu Estado natal, fora recrutado pelo Exército e estava sendo treinado para servir nas enfermarias das forças aliadas que guerreavam na Europa. Antes de ser levado à sala de raios X, tossindo sangue e com 40 graus de febre, George só tinha um lugar e um desejo em mente – ir para Richmond passar o Natal com sua família.

– *O trem!* – exclamou George. – *Tenho que pegar o trem!*

Saltou da cama desesperado, procurando seu uniforme e sua mochila. Ele deixara tudo preparado na noite anterior; não queria perder um minuto, e muito menos o trem. O uniforme e a mochila deveriam estar sobre a cadeira, mas não estavam. Olhou sobre a mesinha novamente, nada. Sob a cama, talvez? Abaixou-se, nada. De repente, um tremendo susto! Ao levantar-se, seu olhar caiu sobre o leito da cama. Atônito, George teve uma estranha visão que o deixou congelado: havia alguém deitado em sua cama!

"*Que diabos está acontecendo?*", perguntou-se.

Aproximou-se e viu que era um jovem, de cabelos castanhos e curtos. O rapaz estava imóvel, parecia morto. George estranhou a cena. "*Mas como pode ter alguém aí se eu acabei de me levantar?*", pensava.

Sentiu-se diante de um enigma, mas não podia perder tempo com isso agora, precisava fazer uma coisa mais importante: tinha que apanhar o trem para Richmond.

"*Minhas coisas devem estar com o enfermeiro de plantão!*" – George animou-se com essa possibilidade. Saiu do quartinho e caminhou pelo corredor do barracão que servia de enfermaria. Havia uma fileira de camas de cada lado, onde soldados enfermos repousavam. Teve a impressão de que nunca estivera nesse lugar antes, mas não podia afirmar, pois havia uma infinidade de barracões semelhantes a este espalhados naquele árido e gelado deserto texano.

George avistou uma sala cuja porta estava aberta. Entrou, mas não havia ninguém. Vistoriou as prateleiras à procura de seu uniforme e mochila. Mas nada encontrou; as prateleiras continham apenas remédios e outros materiais utilizados por médicos.

Saiu da sala e entrou no corredor novamente. Caminhava olhando de um lado a outro continuando a procurar seu uniforme e sua mochila.

"*Onde será que colocaram minhas coisas?*" – indagava-se, já um tanto impaciente.

De repente, ficou animado. Um soldado entrou no corredor e caminhava em sua direção. Com certeza ele poderia ajudá-lo.

George nem esperou que o soldado se aproximasse.

– Desculpe-me, sargento. Você poderia me dizer onde está o enfermeiro de plantão? Não o encontro em lugar nenhum.

O soldado carregava uma bandeja com instrumentos e toalhas. George teve impressão de que falava ao vazio, pois o soldado não lhe dera a mínima atenção. Ele parecia tão distraído ali no meio do corredor, que estava a ponto de dar uma baita trombada com ele.

– *Cuidado, sargento!* – gritou-lhe, saltando do lado para evitar a colisão.

Mas nem seu grito nem seu salto chamaram a atenção do soldado, que seguiu sua caminhada pelo corredor como se nada tivesse acontecido, como se George não existisse.

Tudo isso era muito estranho, mas ele não podia mais perder tempo, tinha que sair de onde estava e ver se ainda conseguiria tomar o trem, ou achar outro modo de chegar a Richmond, já que estava de licença para passar o Natal com sua família.

Seu olhar pousou nas pesadas portas ao final do corredor. Pensou em caminhar até elas, abri-las e sair...

"*Meu Deus!*" – exclamou quando viu-se fora do corredor, sem ter a menor idéia de como havia lá chegado.

Essa seqüência de eventos, olhar a porta e pensar em sair do lugar, tinha ocorrido apenas mentalmente; ele não havia movido um dedo para executá-los; bastou pensar neles e já estava do lado de fora, como se um condão mágico o houvesse tocado e o transportado para o lado externo do barracão, sem que ele nada notasse.

Mais estranho ainda era que sob o céu do Texas gelado, George Ritchie percebeu que não caminhava. Parecia levitar.

Seus pés não tocavam o solo. E começou a subir e a voar, e numa velocidade vertiginosa. Jamais acontecera isso em sua vida!

Outra coisa muito estranha!

Fazia um frio intenso naquela época do ano; na verdade, havia sido o frio e a poeira os causadores de sua pneumonia lobar dupla que fizeram seus pulmões sangrarem e sua febre passar de 40 graus. Mas, voando naquela velocidade sobre os arbustos e o solo congelado dos desertos do Texas, sem saber se estava nu ou vestido, George nada sentia – nem vento, nem frio, nem calor.

"*Meu Deus do céu! O que está acontecendo comigo?*", indagava a si mesmo estupefato.

Olhando para o chão, George via as luzes das cidades sobre as quais sobrevoava, via também florestas, campos cobertos de neve e uma ou outra estrada sem muito movimento cortando os grandes pastos e fazendas da região. Tudo era escuro e silencioso. Uma certeza intuitiva dizia-lhe que viajava em direção a Richmond, em uma velocidade cem vezes maior do que a de qualquer trem na Terra.

Mas será que estava mesmo indo para Richmond? E se estivesse indo para algum outro lugar? Ele só havia feito uma viagem entre Virginia e Texas uma vez, em setembro, quando fora enviado a Camp Barkeley para o treinamento: no entanto, tinha sido em direção contrária e grande parte da viagem fora durante a noite.

Um rio extremamente largo e caudaloso apareceu em seu raio de visão, e ele logo avistou uma grande ponte, e do outro lado brilhavam as luzes da maior cidade que até então houvera visto. Veio-lhe a idéia de parar e perguntar a alguém se estava no caminho certo.

E parou imediatamente! Em pleno ar, a uns vinte metros do solo!

Embaixo havia um café cujas luzes acesas indicavam que ainda estava aberto; em uma ponta da calçada, um homem caminhava apressadamente em direção ao café. De lá de cima, feito um pássaro pairando no ar, George pensou na possibilidade de perguntar ao homem.

E bastou pensar em estar no solo e estava! Caminhando bem ao lado dele.

Como isso aconteceu? George não fazia a mínima idéia. Tampouco tinha tempo para se preocupar com tal detalhe, o que ele queria mesmo era saber se estava indo em direção a Richmond.

– *O senhor poderia me dizer que cidade é esta?*[1] – perguntou ao homem.

O homem não lhe dera a mínima, continuou seu caminho com o mesmo olhar sério e sisudo em direção ao café.

"*Será que também é surdo?*", pensou.

George aumentou o volume de sua voz:

– *Por favor, senhor! Eu não sou daqui e precisaria saber que…*

1. Era a cidade de Vicksburg, no Estado do Mississípi, e George Ritchie a reconheceu posteriormente em uma viagem de automóvel, quando passou em frente ao café. (Nota do Autor)

Estavam à entrada do café, o homem alcançou a maçaneta da porta. George não podia deixá-lo desaparecer, tinha que saber onde estava. Sem hesitar nem medir conseqüências, agarrou o ombro do homem.

Outro tremendo susto! Sua mão passou pelo corpo do homem como se ele fosse uma miragem. Enquanto o homem desaparecia de sua vista, George examinava sua mão. Aparentemente, não havia nada de errado com ela. E tampouco com o homem, que era sólido, assim como todos os seres humanos.

Naquele instante, George sentiu uma imensa sensação de solidão. Afastou-se da entrada do café e encostou-se em um poste na calçada.

E outro tremendo susto! Tampouco o poste parecia ter solidez, ou seria George que não tinha solidez? Em lugar de encostar-se no poste, George o penetrou.

De súbito veio-lhe um *flashback*! Aquele soldado, no corredor do barracão, tampouco lhe dera atenção, assim como esse homem que acabara de entrar no café, em cujo lado havia caminhado, em cujo ouvido havia gritado, cujo ombro havia agarrado; e agora o poste!

"*Será que perdi a minha solidez? Será que estou invisível?*", pensava.

Um pavor repentino invadiu-lhe o ser! Pela primeira vez George deu-se conta do que lhe ocorria.

"*Meu Deus! Aquele rapaz na minha cama... era eu!*"

Nesse momento, George percebeu que estava fora do corpo. Imediatamente, viu-se no ar mais uma vez, agora voando em direção oposta, como se uma fita de vídeo estivesse sendo rebobinada. Sobrevoou os mesmos lugares sobre os quais havia passado ainda há pouco. Logo, Camp Barkeley fez-se visível, e George aterrissou no corredor de uma barracão.

Agora era só achar seu corpo e retomá-lo. Onde ficava aquele quartinho? E se seu corpo não estivesse mais lá? George deu início a uma busca frenética e urgente pelo corpo. As dezenas de soldados que dormiam, imóveis, enfiados sob os cobertores marrons do Exército, com os cabelos bem curtos, pareciam todos iguais. Qual seria ele? Lembrou-se do anel de formatura que trazia no dedo: de pedra ônix negra e ovalada e que tinha como insígnia uma coruja dourada.

Parando em uma cama e outra, procurava por tal anel nas mãos daqueles soldados adormecidos. Chegando ao final do corredor, viu à sua frente um quartinho que lhe pareceu familiar. Dirigiu-se a ele e do vão da porta viu que havia alguém deitado na cama, com a mão esquerda exposta e em um dos dedos o anel de ônix preto com a insígnia da coruja dourada.

Aproximou-se da cama e pôs-se do lado do rapaz. Tudo agora estava claro. Aquele rapaz era ele, ou uma parte dele. E precisava entrar naquele corpo de alguma maneira. Mas como? Havia algo errado com o rapaz. Por que estava coberto até a cabeça com aquele lençol, como se estivesse morto? E por que, mesmo através do lençol, George o via tão branco e parecendo uma escultura de cera?

Com as duas mãos, George passou a puxar o lençol para descobrir o corpo. Em vão. Não havia resistência; enfiava suas mãos no lençol, no corpo do rapaz e na cama. Depois as tirava com a mesma facilidade.

Intuitivamente, ele sabia que para entrar tinha que fazer algum tipo de conexão com aquele corpo. Desesperado, saltou na cama e deitou-se sobre ele. Nada, aqueles dois "Georges" pareciam distintos, duas entidades independentes: um, aquela massa inerte e inconsciente que ele sabia ter alguma coisa a ver com ele; e outro, aquele ser pensante, lúcido e ativo deitado sobre o primeiro.

Por fim, George voltaria a seu corpo, mas não antes de embarcar na mais fantástica experiência de sua vida. Essa que ocorrera instantes atrás – sua saída do corpo, seu estranho e solitário vôo pelos céus escuros e frios do oeste americano, a desesperada tentativa de retomar seu corpo orgânico – também poderia ser chamada de fantástica, mas não se compararia à que estava prestes a ocorrer.(1)

dois

Nos portais do Além

De repente, George viu o quartinho escuro e frio encher-se de luz. Em sua mente, soou um comando autoritário que o fez saltar ao chão em um ímpeto:

"*Levante-se!*"

Em um instante, George viu-se envolto em uma indescritível claridade, vinda de uma luz viva e sábia. Essa luz tinha forma e esta era humana. E deste ser emanavam sentimentos de amor e compaixão em seus mais elevados graus de pureza e força. Tão intensa era a sensação de bem-estar que o jovem soldado queria entregar-se a ela para sempre. Começou então a ouvir, vinda das profundezas de sua alma, uma voz solene que anunciara:

"*George, você está na presença do* Filho de Deus."

Nesse momento, George sentiu que as paredes do quartinho se desfaziam. A seu redor e dentro de si apareciam imagens dele mesmo, como se estivesse dentro de um filme no qual era o protagonista e, ao mesmo tempo, o espectador. Cenas de suas ações, seus pensamentos e sentimentos, relacionados a ele próprio e a outros. O jovem soldado revivia todas: as brigas feias e o desrespeito à sua madrasta, seu temperamento explosivo, os incontroláveis pensamentos sensuais, cada um de seus pensamentos e atos maldosos, desde o dia em que nascera. Cada incidente, por mais insignificante que podia parecer, era revivido em inefável intensidade – revia tudo o que havia feito, pensado e sentido durante aqueles 20 anos de vida. Reviu o parto de sua mãe e a morte dela ao dá-lo à luz. Assistiu ao casamento de seu pai com sua madrasta e testemunhou todo o amor que ela lhe dedicara, apesar de não ser seu filho. George experimentou no fundo da alma a dor que a madrasta sentia em virtude da forma como ele a tratava, e com a mesma intensidade, sentiu a injustiça de seus atos contra ela; o arrependimento dilacerava-lhe a alma.

George percebia que o *Filho de Deus*, a seu lado, não o julgava, apenas mostrava-lhe seus erros.

Em um tom cheio de doçura e compaixão, Ele fez-lhe uma pergunta que lhe serviria de orientação, de referência pelo resto de sua vida. Pergunta esta que a maioria das pessoas que passam por EQMs dizem ouvir, com o mesmo efeito reorientador sentido pelo jovem soldado:

– *O que você tem feito em sua vida até agora para me mostrar?*

"Não muito", George pensava. "Vivi apenas 20 anos. O que se pode fazer em 20 anos?" Mas, mesmo assim, ele buscou em suas lembranças algo de valor para mostrar. Finalmente, encontrou.

– Eu fui escoteiro – disse, cheio de orgulho.

O *Filho de Deus* lhe sorriu. E em seu sorriso George viu o verdadeiro significado de sua pergunta. Não eram fatos que Ele queria ver, eram valores. Era como se Ele quisesse saber como o soldado estava usando seu precioso tempo na Terra, ou seja, se estava aprendendo a amar, a perdoar, a respeitar a si próprio e a todas as outras criaturas de Deus. Era como se lhe estivesse perguntando: "*você está seguindo o exemplo que lhe deixei pela vida que vivi e pela morte que morri? Você tem amado seu próximo como eu o amei? Totalmente? Incondicionalmente?*"

Intuitivamente, no fundo de sua alma, o rapaz sabia que era isso que o *Filho de Deus* queria ver.

De súbito, George viu-se em movimento novamente. Olhou a seu redor e percebeu que estava no espaço, havia deixado Camp Barkeley sem perceber. George sabia que embarcara em uma viagem na qual lhe seria mostrada uma outra realidade, um outro lado da vida, realidade esta que ainda não é possível ser apreciada com a visão limitada do corpo físico, mas apenas com os olhos da alma quando está livre de sua prisão orgânica que a densifica e limita-lhe os poderes.

Percebendo um movimento descendente, George olhou para o solo e viu que sobrevoavam uma grande cidade. Estava escuro e, mesmo assim, as chaminés das fábricas estavam ativas, grandes tufos de fumaça eram lançados no ar. George tentou identificar a cidade, talvez Boston, Detroit ou Toronto, não sabia dizer qual era. Qualquer que fosse, jamais havia estado lá. As ruas estavam movimentadas, apesar de o dia ainda não haver clareado, e George sabia a razão. Aquelas fábricas trabalhavam dia e noite sem parar, empregando milhares de homens e mulheres, para produzir, em ritmo frenético e alucinante, toneladas e toneladas de equipamentos bélicos e outros suprimentos para aquela devastadora Segunda Guerra Mundial que explodia na Europa.

Ao aproximar-se do solo, chamou-lhe a atenção o incrível número de pessoas que caminhavam pelas ruas. Havia mais gente do que o espaço físico podia comportar. Nesse momento George percebeu a razão da imensa multidão. Pelo menos a metade daquelas pessoas era desencarnada e, portanto, não ocupava espaço!

George Ritchie testemunhava, *in loco*, o que os próprios espíritos disseram a Allan Kardec sobre o local onde estes se encontravam, em resposta à pergunta 87, de *O Livro dos Espíritos*: "Os Espíritos estão em todos os lugares, povoam infinitamente os espaços. Estão sempre ao vosso lado, vos observam e agem entre vós sem os perceberdes (...)".

E como atuavam aqueles que George viu dentro das fábricas! Enquanto encarnados trabalhavam, desencarnados, continuamente a seu lado, tentavam tirar-lhes as ferramentas ou davam palpites em suas decisões, alguns até se irritavam quando seus palpites não eram seguidos.

Na cantina da fábrica, George testemunhou uma cena inusitada. Viu uma funcionária tirar o maço de cigarros; a seu lado, uma desencarnada implorava-lhe que lhe desse um. Alheia à sua presença, a funcionária a ignorou, acendeu o cigarro e o tragou. Desesperada, a desencarnada tentava arrancar-lhe o cigarro da mão.

George lembrou-se de seu próprio estado pouco tempo atrás, quando tentava agarrar o ombro do homem em frente ao café, assim como do momento em que se encostara no poste, e quando tentava arrancar o lençol que cobria seu corpo jazendo inerte no quartinho da enfermaria.

Naquela cidade, desencarnados passavam pela mesma desesperadora situação que ele experimentara. Sem ainda haverem se dado conta de que haviam passado pela transição da morte, tentavam conduzir sua vida como se ainda habitassem um corpo físico.

Chamou-lhe a atenção uma desencarnada de meia-idade, correndo atrás de um homem. Falava-lhe em tom enfático que ele não estava dormindo o suficiente, que precisava descansar mais, que sua esposa exigia muito dele, que não deveria ter se casado com ela, "aquela egoísta". Até mesmo o admoestara por não estar usando o cachecol naquele frio!

George sabia que se tratava da mãe do rapaz. E pela aparência do filho, também de meia-idade, deveria fazer muito tempo que ela o seguia, intrometendo-se em sua vida como se ainda estivera viva.

A voz do *Filho de Deus* soou em sua mente e George compreendeu em parte o significado daquela máxima:

"Não acumuleis para vós outros tesouros sobre a Terra... se o tesouro estiver na Terra, lá o coração ficará..."

Sobrevoaram outras cidades e, em todas elas, George via duas populações ocupando o mesmo espaço: encarnados e desencarnados e, destes, muitos ainda seguiam a costumeira rotina de quando viviam na Terra, sem saber que haviam morrido.

George fora levado a uma casa e lá testemunhou uma cena dolorosa. Um rapaz desencarnado andava permanentemente atrás do pai, pedindo-lhe perdão. Dizendo-lhe que não sabia quanto tinha magoado a ele e a sua mãe, dizia-lhe que não sabia o que estava fazendo. George via e ouvia o rapaz claramente, mas o pai dele não; o homem seguia seu curso levando uma bandeja à uma senhora idosa acamada, dizendo:

– *Perdão, pai! Perdão, mãe!*

Assim vivia o pobre rapaz permanentemente.

Foram-lhe mostradas outras cenas semelhantes: o adolescente que seguia uma jovem pedindo-lhe perdão, a esposa que seguia o marido fazendo o mesmo...

– *Por que pedem perdão?* – indagou George.

– *Por tirarem a própria vida* – respondeu o *Filho de Deus*. – *Vivem acorrentados às terríveis conseqüências de seu ato impensado. Achavam que o suicídio extinguiria sua vida e seus problemas, mas, desesperados, em lugar de resolvê-los, arrumaram outros piores.*

George viu-se sobrevoando um lugar que pareceu-lhe uma grande base naval. E de repente estava em um bar lotado, onde marinheiros e civis embriagavam-se de cerveja e uísque. Aí também ele notou duas populações: encarnados bebendo e desencarnados tentando arrebatar-lhes os copos. Cenas insólitas de desencarnados discutindo violentamente entre si pela posse dos mesmos copos de uísque e garrafas de cerveja que nenhum deles conseguia arrebatar!

De tão bêbados que estavam, alguns soldados perdiam os sentidos. E quando desmaiavam, George observava uma estranha e triste simbiose. Os desencarnados *mergulhavam* sobre os soldados bêbados, envolvendo-os fluidicamente para sorver o sabor do álcool que emanava de seus poros e de seu hálito.

Estava em movimento novamente e, à sua volta, havia apenas escuridão. George percebeu que sobrevoavam um lugar deserto e feio. E logo avistou gente lá embaixo. Sabia que nesse lugar havia apenas desencarnados. Quando seu raio de visão se expandiu, ficou horrorizado com o que via. Achou que estivesse em algum imenso campo de batalha: era uma multidão de seres maltrapilhos que se golpeavam, se mordiam, se estupravam, gritavam, gemiam, urravam...

"Mestre, onde estamos?"

Para aquelas criaturas, aquilo era o inferno. Mas um inferno auto-imposto, que poderiam deixar assim que procurassem a luz. E havia luz, aí mesmo, junto a eles. Uma imensidão de pontos luminosos pairavam na extensão daquela terrível escuridão. George viu que se tratava da presença de espíritos superiores que tentavam fazer contato com aqueles seres trevosos. Mas tão densa eram as trevas em suas consciências, tão obstinados no mal estavam esses seres irados e miseráveis, que os benfeitores espirituais não conseguiam penetrá-las.

George compreendeu por que o *Filho de Deus* lhe mostrava aquele lado macabro da vida após a morte. Dependendo do curso que o jovem soldado tomasse em sua vida terrena, um desses poderia ser seu destino após deixá-la por ocasião da morte física.

Mas haveria outras opções mais alegres. George sentiu voar em uma velocidade estonteante, e logo teve a impressão de haver entrado em uma outra dimensão. Tão logo a velocidade diminuiu, avistou uma imensa cidade iluminada. Aproximaram-se de uma região repleta de imensos edifícios, um lugar permeado de uma atmosfera de harmonia e paz. Nesses edifícios funcionavam colégios, universidades, laboratórios, bibliotecas com uma infinita quantidade de livros que contavam a história do universo. Pessoas vestidas em túnicas brancas caminhavam absortas, outras trabalhavam com diligência em seus afazeres. Eram estudiosos, cientistas e mestres que haviam avançado em suas jornadas evolutivas e agora contribuíam para o avanço da humanidade, tanto encarnada como desencarnada.

Nos arredores, havia jardins e parques de beleza inefável. George ganhou altitude, e de cima viu que se tratava de uma imensa e gloriosa cidade espiritual. Um lugar habitado por seres que progrediram tanto intelectual, como moral e espiritualmente.

Era como se o *Filho de Deus* lhe perguntasse:

– George, em qual dos lugares que lhe mostrei você seria mais feliz?

E o jovem soldado já havia tomado sua decisão: não faria nada que fosse contrário às leis de Deus e aos ensinamentos de Cristo.

Uma velocidade alucinante arrebatara-o, em um ímpeto, daquela cidade iluminada e, quando o movimento cessou, demorou para reconhecer o local onde estava. Pareceu-lhe vagamente familiar, como um lugar onde havia estado em um passado distante. George ainda sentia a presença do *Filho de Deus* a seu lado quando avistou aquele corpo inerte sobre a cama. Intuitivamente sentia que tinha de retornar àquele corpo novamente, mas muito se entristecia com a idéia de separar-se daquele ser de luz em cujo amor e compaixão havia se deliciado por, pelo que lhe pareceu, uma eternidade.

O jovem soldado sentiu como se sua consciência fosse se obscurecendo. A imagem daquela cidade iluminada que ainda brilhava em sua mente foi se ofuscando. A leveza que havia sentido, desde o momento em que viu-se fora do corpo, esvaneceu-se. Sentiu uma forte pressão no peito; a garganta parecia estar em brasa de tanto que ardia. Queria enxergar mas algo lhe tapava a visão. Os braços pesavam como chumbo quando tentou levantá-los para remover o lençol que lhe cobria a cabeça.

Quando finalmente abriu os olhos, reconheceu o enfermeiro de plantão, que lhe sorria, dizendo:

– Ufa, Ritchie, que bom tê-lo de volta, camarada; achávamos que você já tinha ido.

Na verdade, George Ritchie fora declarado morto; o médico havia dado ordens ao enfermeiro de plantão para preparar seu corpo para enviá-lo à sua família em Richmond. Mas, em um dado momento, o enfermeiro teve a impressão de que vira um pequeno movimento em um de seus dedos. Como não tinham nada a perder, "George já estava morto mesmo", o enfermeiro conseguiu, sem muito esforço, convencer o médico a aplicar-lhe uma injeção de adrenalina diretamente no coração: se não lhe fizesse bem, tampouco lhe faria mal. Não era normal no Exército americano um médico militar submeter-se à opinião de um subalterno, mas este médico não opôs nenhuma resistência e disse ao enfermeiro que preparasse a injeção.

Essa aventura, que lhe parecera uma eternidade, durou nove minutos. Foi o tempo que George permaneceu inconsciente, entre o desmaio na sala de raios X, o diagnóstico do óbito e a injeção de adrenalina que devolvera a vida a seu corpo.(1)

três

A vida depois da vida

George Ritchie fez uma pausa. Com um sorriso maroto nos lábios, percorreu com o olhar sua platéia – um pequeno grupo de jovens alunos e alunas que assistiam a sua aula de psiquiatria na Universidade de Virginia – e viu todos com semblantes atônitos pela história que acabavam de ouvir.

Havia 22 anos que George Ritchie tinha "morrido" e voltado para contar o que encontrou no outro lado da vida. E nos últimos 22 anos, o agora médico psiquiatra e professor, doutor George Ritchie, havia contado sua experiência inúmeras vezes, presenciando sempre a mesma reação na platéia: um silêncio profundo e semblantes hipnotizados pela fantástica história que ouviam.

Nessa aula, em um dia nos idos anos de 1965, sentava-se um jovem aluno de filosofia de nome Raymond Moody, de vinte anos de idade. O rapaz impressionou-se com o relato do professor. Mas nada sabia sobre a tal experiência, era a primeira vez que ouvira coisa semelhante. Moody tinha planos para sua carreira acadêmica, queria ser doutor em filosofia e professor universitário. Alguns anos mais tarde, obteria seu grau de doutorado em filosofia e lecionaria na Universidade da Carolina do Norte.

Moody era apaixonado por Platão, o grande filósofo grego da antiguidade e discípulo de Sócrates. Um dia Moody pediu que seus alunos lessem *Phaedo* (*Fédon*), para, na aula seguinte, discutirem sobre a imortalidade da alma.

Em *Fédon*, um de seus grandes clássicos, Platão relata os acontecimentos dos últimos dias de seu sábio mestre, Sócrates, na prisão. Fédon era um dos amigos de Sócrates que o visitava com freqüência, acompanhado de outros, em cujas ocasiões discutiam com Sócrates a imortalidade da alma.

Sócrates havia sido condenado à morte em Atenas por "corromper a mente dos jovens" ao instruí-los em filosofia e na busca da verdade. Para levar a cabo sua pena, Sócrates ingeriria, por si próprio, cicuta, veneno extraído da planta cicuta-da-europa. O agente carcerário, acostumado a receber todos os tipos de xingamentos e insultos de condenados comuns, chorou ao ver a calma e a serenidade com que Sócrates recebia a taça da mortal bebida e a tomava, como relata Fédon, que estava presente no cárcere, naquele momento.

Sócrates não temia a morte porque sabia que era um ser imortal, que seguiria vivendo mesmo após o veneno fazer-lhe cessar a vida de seu corpo orgânico. E quando Crito, um rico amigo, perguntara-lhe como deveriam enterrá-lo, Sócrates contestou-lhe com bom humor:

– Do jeito que vocês quiserem... isso se conseguirem me pegar e não me deixarem escapar.

E com um sorriso zombeteiro nos lábios, olhou para o grupo de amigos e acrescentou:

– Ainda não consegui persuadir Crito que sou o Sócrates aqui presente, a pessoa que está falando com vocês agora e organizando os tópicos de nossa conversa. Ele imagina que eu sou o corpo morto que em breve estará contemplando, então ele pergunta como deverá enterrar-me... Quando eu tomar o veneno, não mais estarei com vocês, mas sim a caminho de alguma terra feliz e bem-aventurada...(1)

*

Alguns dias depois da discussão da imortalidade da alma na aula do professor Moody, um de seus alunos foi procurá-lo.

– Professor, preciso lhe falar algo sobre a imortalidade.

– Pois não, pode falar.

– Minha avó teve uma parada cardíaca durante uma cirurgia e, quando conseguiu conversar, contou que havia saído do corpo e flutuado em direção ao teto da sala de emergência. Quando olhou para baixo, viu o corpo dela deitado na cama e os médicos tentando reanimá-la. Disse que em seguida foi puxada para dentro de um túnel e voava em uma velocidade muita grande, até que chegou a um jardim todo florido, e um homem, envolto em luz, aproximou-se dela. Ela reviu tudo o que tinha feito em sua vida, desde sua infância até aquele momento, e depois o homem disse que ela tinha de voltar porque sua hora ainda não havia chegado.

Essa história deixou Moody ainda mais intrigado. Já era a terceira vez que ouvia falar de alguém que tinha "morrido" e voltado para contar a experiência. A primeira havia sido o relato do doutor George Ritchie naquele dia em 1965, e a segunda quando lera seu filósofo favorito – Platão.

Em seu clássico *A República*, Platão, na voz de Sócrates, seu grande mestre, relata a experiência do soldado Er – a primeira história sobre uma experiência de quase-morte (EQM) encontrada na literatura mundial.

O mito de Er

"O relato que vos quero fazer", diz Sócrates a Glauco, "é o de um homem de coração, Er, o Armênio, originário da Panfília. Tinha sido morto numa batalha. Dez dias depois, quando levavam os cadáveres já desfigurados dos que com ele haviam caído, o seu foi encontrado são e intacto. Transportaram-no para casa, a fim de fazerem os funerais e no segundo dia, quando estava sobre a fogueira, ele reviveu e contou o que tinha visto na outra vida.

– Logo que sua alma saiu do corpo, pôs-se a caminho com uma porção de almas, chegando a um lugar maravilhoso, de onde se viam na Terra duas aberturas, próximas uma da outra, e no Céu duas outras, correspondentes àquelas. Entre estas duas regiões estavam assentados os juízes. Assim que pronunciavam uma sentença, mandavam que os justos tomassem o caminho da direita, por uma das aberturas do Céu, depois de lhes haver posto ao peito um cartaz com a sentença favorável; e mandavam que os maus tomassem o caminho da esquerda, nos abismos, levando às costas um cartaz semelhante ao primeiro, onde se achavam escritas todas as suas ações. Quando chegou sua vez declararam os juízes que ele devia levar aos homens a notícia do que se passava nesse outro mundo e determinaram que escutasse tudo quanto se lhe oferecesse.

"A princípio viu que as almas julgadas desapareciam: umas iam para o Céu e outras desciam à Terra pelas duas aberturas correspondentes. Enquanto isso, pela segunda abertura da Terra viu saírem almas cobertas de poeira e de imundícies, enquanto pela outra porta do Céu desciam outras almas, puras e sem mácula.

Pareciam todas vir de uma longa viagem e paravam alegres num prado que era como um ponto de reunião. As conhecidas cumprimentavam-se e pediam notícias dos lugares de onde vinham as outras: o Céu e a Terra. Aqui, entre gemidos e lágrimas, era recordado tudo quanto haviam sofrido ou visto sofrer quando em curso na Terra; ali, contavam as alegrias do Céu e a felicidade de contemplar as maravilhas divinas..."(2)

*

Outras aulas sobre *Fédon* seguiram-se, mais debates sobre a imortalidade da alma e mais casos semelhantes ao de

George Ritchie, de Er e da avó de seu aluno eram relatados. Em cada classe de pouco mais de trinta alunos, pelo menos um havia tido uma EQM ou conhecia alguém que passara por uma, constatou Moody.

A freqüência de tais experiências o estava deixando cada vez mais intrigado, e foi então que resolveu pesquisar o tema com mais assiduidade e a catalogar os relatos que ouvia. Em 1972, quando decidiu estudar medicina, já contava com 150 casos de pessoas que haviam sido declaradas clinicamente mortas ou que haviam sofrido graves acidentes e tido EQM.

Dessas 150 experiências, Raymond Moody selecionou as cinqüenta mais dramáticas e as publicou, em 1975, no livro intitulado *Life after life*. *A vida depois da vida* tornou-se um fenomenal *best-seller* mundial e trouxe à luz milhares de relatos de pessoas que passaram por semelhantes experiências mas que até então receavam compartilhá-las, até mesmo com entes queridos, por receio de serem ridicularizadas. E mais importante ainda, *A vida depois da vida* lançou uma nova ciência (veja história no cap. 13), ciência esta que, como já dito anteriormente, poderá vir a comprovar, embora não em laboratório, mas sim nas UTIs de hospitais em todo o mundo, que nossa vida continuará após a morte do corpo físico.

Disso todo espírita já sabe, e tal confirmação não lhe é necessária. Mas para a imensa maioria dos mais de 6,5 bilhões de habitantes de nosso planeta, a morte, ou melhor, o pós-morte ainda é um grande mistério e fonte de imenso terror. E quão reconfortante não seria toda a humanidade saber o que o espírita já sabe sobre o outro lado da vida. Aquilo que Emmanuel, pela psicografia do notável médium Francisco Cândido Xavier, tão lucidamente aclara: "A morte significa apenas uma nova modalidade de existência, que continua, sem milagres e sem saltos".(3)

quatro

O que é quase-morte – EQM

O TERMO ORIGINAL *NEAR-DEATH EXPERIENCE–NDE* (EXPERIÊNCIA *de quase-morte*–EQM) foi criado pelo doutor Raymond Moody para denominar as experiências das pessoas que estiveram clinicamente mortas, relatadas em seu livro *A vida depois da vida*.

A morte clínica dá-se quando o coração pára de bater, a chamada parada cardíaca ou cardiorrespiratória, popularmente conhecida como enfarte. Devido à parada cardíaca, a circulação do sangue e a respiração cessam. Sendo a circulação do sangue necessária para levar nutrientes e oxigênio ao corpo humano, a ausência dela faz cessar as funções vitais do organismo, principalmente do cérebro, causando a hipoxia, ou baixa oxigenação que, se não restaurada a tempo, entre cinco e dez minutos, as sensíveis células cerebrais começam a morrer, podendo causar danos cerebrais ou levar a pessoa à morte.

Na morte clínica, a pessoa fica, pelo menos fisicamente, inconsciente, devido à cessação da atividade cerebral. Se ela estiver conectada ao eletrocardiograma (ECG), eletroencefalograma (EEG) ou aos dois, em lugar de registrar os picos e vales dos batimentos cardíacos ou ondas cerebrais, aparecerá no monitor apenas uma linha reta, ou *flatline*, como sinal de ausência de atividade cardíaca e cerebral, ocorrendo, conseqüentemente, a chamada morte encefálica ou cerebral.

Até pouco antes da primeira metade do século 20, para vítimas de paradas cardíacas, a morte era quase certa. A partir de então, técnicas de ressuscitação cardiopulmonar (RCP), desfibrilação, injeções de adrenalina (o que salvou George Ritchie, em nossa história, na abertura deste livro) e outros tratamentos foram desenvolvidos. Essas novas técnicas e tratamentos são capazes de restaurar e normalizar os batimentos cardíacos, a circulação sanguínea e, conseqüentemente, a atividade cerebral, fazendo com que o paciente volte à vida.

Para o que a ciência convencional conhece sobre o ser humano, a pessoa cujo cérebro não possui atividade, não tem qualquer sensação, não é capaz de se locomover, não consegue ouvir e, obviamente, tampouco é capaz de pensar, de raciocinar, de discernir – portanto, para efeitos legais, ela está clinicamente morta. E constatada a morte encefálica, os médicos ou familiares do paciente podem, por exemplo, autorizar a remoção imediata dos órgãos para doação.

No que concerne à vida do corpo físico, a ciência pode não estar equivocada, mas o ser humano é muito mais que seu corpo físico, e a morte deste não significa seu fim. Repetindo a asserção dos espíritos, o corpo físico não passa de um acessório, sendo o espírito o ser principal, pois é o ser que pensa e sobrevive.(1)

Esta é a razão pela qual inúmeras pessoas, cujo coração parou de bater, deixaram de respirar e perderam toda a atividade cerebral – e, segundo a ciência, nada poderiam ter visto, ouvido ou sentido – "voltam" à vida contando experiências extraordinárias que tiveram durante o tempo em que permaneceram clinicamente mortas.

Quem tem EQM

– Fui internada por problemas cardíacos – contou uma senhora a Raymond Moody.

"Na manhã seguinte", continuou ela, "comecei a sentir uma dor muito forte no peito. Apertei o botão de emergência e as enfermeiras vieram correndo. Sentia um grande desconforto e virei-me de lado. Foi quando perdi a respiração e meu coração parou de bater. Nesse instante ouvi as enfermeiras dizendo que tinham uma emergência. Percebi também que eu saía do corpo pelo lado da cama, entre o colchão e a grade de proteção, e descia ao solo. Em seguida comecei a subir, bem devagarzinho. Enquanto subia, via outras enfermeiras entrando no quarto, onde deveria haver umas doze pessoas. Meu médico estava fazendo sua ronda e as enfermeiras o chamaram. Eu o vi entrar também. 'O que ele está fazendo aqui?', pensei. E continuei subindo, passei o lustre e parei um pouquinho antes de chegar ao teto. Sentia-me como se fosse um pedaço de papel que alguém havia lançado para cima. De lá do alto eu olhava para baixo e via tudo o que estava acontecendo. Meu corpo estava à vista, deitado na cama e cercado por enfermeiras. Ouvi uma delas dizer: 'Meu Deus, ela morreu!'

Vi outra enfermeira fazendo respiração boca-a-boca em mim e fiquei olhando para a sua nuca. Aliás, nunca mais me esqueci do estilo meio curto de seu corte de cabelo. Vi trazerem uma máquina para dar choque em mim. Via que a cada choque meu corpo pulava na cama, chegando mesmo a ouvir o barulho dos ossos. Foi a coisa mais horrível que vi até hoje. Vi-os golpeando meu peito e massageando meus braços e pernas; então perguntava-me: 'Por que todo esse trabalho, se eu estou tão bem?'"

A EQM dessa senhora deu-se durante uma parada cardiorrespiratória, mas é muito comum também ocorrer com pessoas que sofreram graves acidentes automobilísticos, queda, afogamento, ferimento de guerra, tentativa de suicídio, *overdose* de drogas etc. Em geral, essas experiências são muito positivas, mas na EQM por tentativa de suicídio e *overdose*, como veremos nos capítulos 9 e 10, não são nada agradáveis. Muito ao contrário!

A ubiqüidade da EQM

A EQM não é um fenômeno recente, muito ao contrário. Em seu livro *Otherworld journeys* (Jornadas a outro mundo), a pesquisadora Carol Zaleski encontrou inúmeros casos na literatura medieval. Mas isso tampouco significa que teve aí o seu início, o que vemos nessa época é o início de sua catalogação histórica.

E por que a EQM está acontecendo com tanta freqüência na atualidade?

A razão é simples. Os avanços da medicina e as técnicas de ressuscitação estão possibilitando a volta de mais pessoas à vida física após um breve vislumbre de sua futura vida no Além. Todos nós teremos esse vislumbre. Mas nem todos lembraremos da experiência ou voltaremos para contar.

E os que estão voltando para contar são pessoas de todas as idades – desde crianças bem pequenas até anciãos, tanto homens como mulheres, independentemente de seu nível acadêmico e intelectual, de serem eruditos ou ignorantes, religiosos, agnósticos ou ateus, pobres ou ricos, heterossexuais ou homossexuais, de todas as raças e nacionalidades – quer acreditem na vida após a morte ou não.

Em 1982, a organização George Gallup levou a cabo uma pesquisa nos Estados Unidos para determinar quantas pessoas que estiveram próximas da morte haviam tido EQM. O resultado? Oito milhões de americanos tiveram EQM! (2)

Quinze anos mais tarde, em 1997, o resultado de semelhante pesquisa pela U.S. News & World Report, determinou que o número de EQMs havia saltado para 15 milhões. E forneceu outro detalhe: um terço das pessoas que estiveram próximas da morte (45 milhões) relataram EQMs. (3)

Conforme dados da *Near-death experience research foundation* (Fundação para pesquisas de experiências de quase-morte), há, diariamente, nos Estados Unidos, 774 ocorrências de EQMs.(4)

De acordo com estudos da doutora P.M.H Atwater, uma das primeiras e principais pesquisadoras do fenômeno – cujo motivo para tornar-se pesquisadora foi sua própria EQM durante um parto complicado em 1977 –, de cada três adultos que estiveram próximos da morte um passou por EQM. Entre as crianças, a proporção sobe dramaticamente: três em cada quatro! (5)

E por que tamanha diferença? Por que mais crianças que adultos tiveram EQM?

No livro *O Consolador*, psicografado por Francisco Cândido Xavier, o Espírito Emmanuel dá-nos uma informação que pode perfeitamente explicar a razão disso. "Até os sete anos, o Espírito ainda se encontra em fase de adaptação para a sua nova existência no mundo. Nessa idade, ainda não existe uma integração perfeita entre ele e a matéria orgânica".(6)

Portanto, junte-se ao torpor quase completo do corpo físico ocasionado pela proximidade da morte essa integração ainda imperfeita do espírito ao corpo orgânico, e a explicação fica não apenas clara, mas igualmente lógica.

E como se dá a EQM? É o que veremos a seguir...

cinco

As dez fases da EQM

NAS PESQUISAS DE EQM REALIZADAS EM DIVERSOS LUGARES DO mundo, a maioria das pessoas que passou pelo fenômeno relata uma série de fases, que são comuns a todos os seres humanos enquanto vivenciam a EQM. Essas fases podem ser agrupadas em dez e obedecem a uma certa ordem, embora nem todas as pessoas necessariamente passem por todas as fases. São elas:

1. Percepção da saída do corpo físico
2. Sensação de paz e bem-estar
3. Visão de tudo o que se passa
4. Na escuridão
5. Uma luz na escuridão
6. No mundo dos espíritos
7. Na barreira do Além
8. Revisão da vida
9. Volta ao corpo
10. Mudança de vida

1 – Percepção de saída do corpo físico

Nessa fase a pessoa que está passando pela EQM percebe que algo extraordinário lhe está acontecendo. É possível que ela sinta um zumbido muito forte na cabeça antes da separação do corpo físico e da perda da consciência, tendo a sensação de estar "morta". Em casos em que está sendo atendida por uma equipe médica, é capaz de ouvir o que falam e ver o que fazem a seu redor, mesmo estando inconsciente, e depois de reanimada, dar-lhes seu testemunho, para espanto daqueles que a consideraram "morta". Nessa fase a pessoa percebe também que, além do corpo físico, possui um corpo espiritual (perispírito), e não se importa com a situação em que se encontra seu corpo físico, se ele sobreviverá ou não, pois nesse sublime momento descobre a sua imortalidade.

A extraordinária experiência do dr. Wiltse[2]

"Senti e ouvi o rompimento de inúmeros fiozinhos", contou o doutor Wiltse após seu retorno dos portais do Além ocasionada por sua extraordinária EQM. "Lentamente comecei a retirar-me a partir dos pés em direção à cabeça, e saí através das suturas do crânio.

2. Relatei este caso em *Morrer não é o fim* (São Paulo: Petit Editora), meu primeiro livro, e o repito em razão de sua riqueza de detalhes sobre a saída do perispírito durante a EQM. A experiência do doutor Wiltse ilustra magnificamente esse processo. (N.A.)

Lembro-me bem como parecia ter a cor e a forma de uma água-viva. Saí pela cabeça como se fosse uma bolha de sabão saindo do fornilho de um cachimbo, flutuei para cima, para baixo, para os lados, até que, finalmente, com imensa leveza, pousei no chão. Eu tinha o corpo de um homem, de aparência translúcida e meio azulada e estava totalmente nu.

Ao virar-me, meu braço tocou o braço de um homem que estava parado junto à porta; passei por ele mas não senti a menor resistência. Olhei para seu rosto imediatamente, mas tive a impressão de que ele nada percebera. Depois olhei para o meu corpo morto, deitado sobre a cama, meio tombado à direita, os pés juntos, as mãos cruzadas sobre o peito. A palidez do rosto pegou-me de surpresa.

Tentei chamar a atenção das pessoas próximas ao leito para dizer-lhes que eu estava vivo, mas ninguém percebia minha presença. Achei tudo tão engraçado que comecei a rir. Elas olhavam para algo que pensavam ser a minha pessoa. Mas não era. Eu não estava morto, estava vivinho da Silva. Quão bem me sentia! Alguns instantes atrás eu estava horrivelmente doente. Então veio a mudança que chamamos 'morte', que eu tanto temia. Mas a morte veio e lá estava eu, ainda um homem, pensando tão claramente como antes, sentindo-me maravilhosamente bem. Não mais adoeceria, não mais morreria..."(1)

2 – Sensação de paz e bem-estar

Fora do corpo, livre das amarras da matéria, a pessoa que está passando pela EQM relata uma extraordinária sensação de paz e bem-estar, um sentimento de liberdade até então desconhecido. Durante a vida física, o corpo físico é um fardo para o espírito que temporariamente o habita, e é justamente o desvencilhar desse peso a causa da imensa sensação de paz e bem-estar que vivencia. É nesse momento também que a pessoa descobre, por si própria e de maneira objetiva, que é imortal. E, a partir de então, não mais teme aquela que tanto temia, a morte, ou vê seu medo bastante diminuído após seu retorno à vida física.

Sensação inesquecível

"Jamais me esquecerei daquela absoluta sensação de paz e alegria. Toda a dor desapareceu por completo. Além de muito conforto e bem-estar, sentia apenas a minha essência. O tempo não mais importava e o espaço estava repleto da mais pura e intensa felicidade. Vi-me banhada em luz radiante, imersa em uma aura multicolorida. Tudo era fusão. Os sons que ouvia eram de uma nova ordem, harmoniosos, impossíveis de descrever. Aquilo sim era música!"(2)

Como veremos nos capítulos 8, 9 e 10, há muitos casos de agonia e sofrimento nessa fase, sobretudo aqueles que tentaram cometer suicídio ou sofreram *overdose* de drogas. Mas, na grande maioria dos casos, a sensação é agradável e positiva.

3 – Vendo tudo o que se passa

Essa fase é a que se poderia chamar de *a pedra no sapato* da ciência convencional. Mas é também a fase capaz de provar, cientificamente, o que os pesquisadores chamam de *continuidade da consciência* (e o espírita o chama de continuidade da vida) após a morte física. O leitor recorda-se de que, na morte clínica, o paciente está, para todos os efeitos, inconsciente, pois não há registro de atividade cerebral. Portanto, o lobo occipital, que recebe e processa informação visual, está inativo. E mesmo que estivesse ativo, nada produziria, pois, estando inconsciente, os olhos do paciente estão cerrados e não há captação de imagem nenhuma! Mas mesmo assim o paciente, clinicamente morto, ou em estado de coma, vê!

Um susto no necrotério

"Foi quando estava internado no hospital Crumpsall, próximo à cidade de Manchester" contou o inglês. "Ainda consigo ver a cena nitidamente. Vi meu corpo deitado na cama e uma jovem enfermeira a seu lado. Ela o estava preparando para mandá-lo ao necrotério. Lembro-me de que pensava quão jovem ela era para estar aí arrumando um corpo para ser sepultado. Ela até me fez a barba! E eu a observava atentamente enquanto a fazia. Sentia-me totalmente separado daquele corpo, como se fosse um espectador. Não sentia a menor emoção, era como se estivesse olhando para uma fotografia. Eu estive clinicamente morto durante duas horas... e despertei no necrotério do hospital. Quase matei de susto o atendente! Eu sei que não foi um sonho."(3)

4 – Na escuridão

Nas fases anteriores, a pessoa que está passando por EQM, fora do corpo, encontra-se nas imediações do corpo físico e está consciente de que ainda está no ambiente físico. Ela pode ver os médicos e enfermeiras e os equipamentos ou procedimentos sendo utilizados para reanimá-la, bem como ouvir claramente as suas conversas. Ou seja, ela ainda permanece na dimensão material da Terra.

Na fase seguinte ela deixa a dimensão terrestre e parte para a dimensão extrafísica ou espiritual. Porém, ainda que momentaneamente, vê-se em meio à intensa escuridão, geralmente percebendo que está viajando por um túnel. Mas mesmo que nada veja, pode sentir presenças espirituais e, em sua maioria, essas presenças são positivas, mas há também as negativas, como veremos adiante. Pode-se também ouvir ruídos ou música de rara beleza e viajar em estonteante velocidade.

Um vôo sideral

"Perdi a consciência pela terceira vez consecutiva" contou o rapaz que sobreviveu a um acidente em que quase fora esmagado por um caminhão; sua EQM deu-se enquanto seu corpo estava prensado entre o caminhão e o muro. "E nesse momento toda a dor e toda a pressão (do caminhão que espremia seu corpo) desapareceram e eu não sabia dizer o que estava acontecendo comigo. Via tudo muito bem e sentia-me muito bem, mas nada parecia fazer muito sentido. Olhava para um lado e para outro (fora do corpo físico) mas não sabia onde estava. De repente tudo ficou muito escuro. Era como se eu houvesse despertado no espaço sideral, em total escuridão. Não sentia calor nem frio; é muito difícil explicar o que sentia, mas estava em um imenso vácuo. Logo percebi que estava em movimento. Movia-me para a frente e sentia a velocidade aumentar. À medida que minha velocidade aumentava via o vácuo assumir a forma de um túnel, como se eu estivesse dentro de um tornado. Esse túnel parecia ter milhares de quilômetros de extensão e provavelmente era uma passagem para o infinito..."(4)

5 – Uma luz na escuridão

Logo após entrar na escuridão, a pessoa que está passando por EQM vê um ponto luminoso e sente uma grande vontade de ir em sua direção. E, à medida que se aproxima, vê que seu tamanho vai aumentando e a luz se tornando mais clara. Ela se sente cada vez mais atraída por essa luz, ao mesmo tempo que receia que sua forte claridade fira-lhe a visão, como ocorreria se olhasse diretamente o Sol, se ela estivesse no corpo físico. Surpreende-se quando percebe que, apesar da incrível intensidade, nenhum dano causa a ela. E, além disso, percebe que está em um ambiente de imensa paz e beleza.

Luz, inefável luz

Uma senhora que teve EQM quando passava por uma histerectomia (remoção cirúrgica do útero) contou o que viu e sentiu durante esse período de inconsciência física.

> "Em certo momento dei-me conta que estava tendo uma experiência singular. Vi-me em um lugar iluminado por uma luz radiante. Não há nada nesta terra com a qual se possa compará-la. A luz é inimaginavelmente brilhante. Não há palavras para descrevê-la. Senti-me tão feliz; é impossível explicar a intensidade desse sentimento. A serenidade era extraordinária, uma sensação maravilhosa. O brilho

intenso da luz deveria cegar-me, mas em nada incomodava-me."(5)

6 – No mundo dos espíritos

Essa luz intensa, na qual a pessoa em EQM penetra, emana da esfera espiritual específica à qual gravitara naturalmente, conforme a qualidade de suas freqüências vibratórias perispirituais. No momento em que ela vê o ponto de luz na escuridão, sente uma vontade irresistível de viajar em sua direção, como se estivesse sendo puxada magneticamente. Há casos em que a pessoa não viaja pelo túnel, mas diz que chegou nesse lugar sem saber como, pois, de repente, estava lá. Ao olhar a seu redor, imersa nesse ambiente de inefável luz, percebe que está em um lugar não apenas cheio de luz, mas de vida e de seres vivos! Mesmo aqueles entes queridos e amigos que acreditava estarem "mortos" estão aí, cheios de vida e esbanjando saúde! E são eles os primeiros a recepcioná-la, nos portais do Além, em sua breve visita ao mundo que passará a habitar após completar seu trabalho na Terra.

Um gostinho do Além

"De repente vi-me em um lugar lindo, onde a grama era muito mais verde que qualquer outra coisa verde que se vê na Terra; tinha um brilho muito singular. É muito difícil descrever as cores daquele lugar; as cores da Terra são opacas em comparação com aquelas. A luz do lugar é mais brilhante do que qualquer luz que se possa imaginar. Não há palavras para descrevê-la; é uma luz celestial. Nesse lugar eu vi pessoas conhecidas que sabia que haviam morrido. Não trocamos palavras, era como se eu soubesse o que elas estavam pensando ao mesmo tempo que elas sabiam o que eu estava pensando. A paz que me envolvia vai além da compreensão. Era uma sensação maravilhosa, de êxtase. Sentia-me em perfeita união com todas as coisas..."

Essa narrativa foi de uma senhora que sofrera parada cardíaca durante uma cirurgia dentária.(6)

7 – Na barreira do Além

Certos pacientes que tiveram EQM contam que, em dado momento na jornada ao mundo dos espíritos, deparam com algum tipo de barreira, entendendo que se transpassá-la não mais retornarão ao corpo físico. Essas barreiras podem ser visíveis e tangíveis, como um rio, uma ravina, um portal ou...

Uma cerca no Além

"Eu 'morri' durante uma parada cardíaca", contou uma senhora a Raymond Moody; "e, em seguida, estava em um campo verdejante – uma cor que nunca tinha visto em lugar algum. Havia um brilho intenso e maravilhoso a todo o meu redor. Olhando adiante, para o outro lado do campo, vi uma cerca e caminhei em sua direção. Do outro lado da cerca havia um homem, que também caminhava em direção a ela, como se viesse a meu encontro. Eu queria aproximar-me do homem, mas uma força irresistível puxava-me para trás. E enquanto voltava, vi o homem virar-se e dirigir-se para longe da cerca."(7)

8 – Revisão da vida

Rever a vida até aquele momento é um dos principais eventos durante a EQM, na presença de um espírito ou ser de luz, como geralmente é chamado por essas pessoas. Em tempo da Terra, em alguns segundos, a pessoa poderá reviver, de maneira intensa e detalhada, quase sempre em visão panorâmica, como tem vivido sua vida até então, visão esta que muitas vezes a deixa envergonhada e constrangida por seus erros, o que lhe dá um novo impulso para mudar quando volta para completar sua vida na Terra. O leitor se recorda da recapitulação que George Ritchie fez de sua vida, no capítulo 2, e o que ele sentiu durante a experiência. Muito comumente a pessoa sente, assim como sentiu o jovem soldado, em sua própria consciência, a mágoa, a dor ou a angústia de alguém a quem fez algo de mal. E isso faz com que ela retorne à vida mais amorosa, mais caridosa, mais generosa, menos materialista. Ao descobrir a continuidade da vida após a morte, vê diminuído o medo de morrer. Ciente de que a aquisição de novos conhecimentos é necessária para sua evolução e progresso, passa a ter um grande desejo de estudar, podendo até voltar ao colégio ou à faculdade para completar seus estudos. Sente também renovada ou intensificada sua fé em Deus, o que muito a ajuda a redirecionar sua vida e a vivê-la em conformidade com a leis divinas, que é a lei do amor, do perdão e da caridade, mesmo sem necessariamente ingressar em nenhuma religião.

Vivendo e aprendendo

Após cair de considerável altura e passar pela EQM, um homem fez uma revisão de sua vida na presença de um espírito de luz:

> "Minha vida começou a ser projetada em minha frente. Sentia-me constrangido toda vez que alguma coisa estúpida que havia feito aparecia. E percebia que a 'presença' dizia: 'Sim, você fez essas coisas, mas ao mesmo tempo você estava aprendendo com elas'. Então foi me comunicado que era hora de retornar. Eu não queria voltar, mas ao mesmo tempo compreendia que ainda havia muito trabalho para realizar na Terra".(8)

9 – Volta ao corpo

Esse é o momento mais paradoxal de toda a experiência. Sabe-se que o ser humano tem pavor da morte. A própria palavra é tabu em quase todos os lares do planeta, ninguém quer nem sequer pensar em morrer, quanto mais morrer! Quando alguém é informado de que tem uma doença terminal, desespera-se e, se for uma pessoa abastada, é capaz de gastar toda sua fortuna na tentativa de ludibriar a morte que tão de perto a espreita. Então ela tem uma EQM e experimenta um pouquinho da vida no Além, em seguida é lhe dito que ainda não é sua hora, que precisa retornar à Terra – e ela não quer retornar, quer continuar "morta"! Excluindo os que passam por EQM depois de tentativa de suicídio ou em decorrência de *overdose*, quando então reconhecem seu erro e querem voltar para corrigi-lo e continuar sua vida na Terra, quase todas as pessoas que têm experiências positivas durante sua EQM querem permanecer no Além, como vimos no caso citado.

Voltando na marra

Pam Reynolds, cujo relato apresentarei no próximo capítulo, teve EQM durante uma delicada cirurgia. Após passar pelos estágios iniciais acima descritos, encontrou sua avó, desencarnada, que a chamava para perto dela. Junto a avó, havia outros parentes, também desencarnados. Em dado momento foi-lhe dito que precisava retornar, pois sua hora ainda não havia chegado, e um tio desencarnado a acompanhou de volta ao hospital. Quando Pam viu seu corpo físico na mesa de cirurgia, achou-o horrível e não queria entrar. Tanto relutou que o tio não teve alternativa senão "empurrá-la" de volta ao corpo.(9)

10 – Mudança de vida

Assim como vimos no relato de George Ritchie (Cap. 2), é comum outros pacientes contarem que, ao defrontarem-se com o ser de luz (que alguns, como no caso de Ritchie, o identificaram como sendo o *Filho de Deus*, e que pode não ser necessariamente Jesus), este lhes perguntou: "Então, o que você tem feito em sua vida para me mostrar?" Tal indagação, sobretudo àqueles cuja vida até então tem sido utilizada de maneira menos nobre, tem um efeito doloroso, mas ao mesmo tempo, animador. Doloroso porque sentem em seu âmago o remorso dos males causados, seja a si ou a outrem, e iluminador, porque percebem a verdadeira razão de sua existência na Terra – aprender a amar e adquirir conhecimento.

De volta ao corpo físico para dar continuidade a seu aprendizado na escola terrena, a imensa maioria que passa por EQM transforma sua vida radicalmente. Primeiramente, essas pessoas perdem ou vêem drasticamente diminuído o temor que tinham da morte, tornam-se mais amorosas, compreendendo a grande irmandade que é a humanidade. Em segundo lugar, passam a aceitar as pessoas como elas são; o materialismo perde seu fascínio e sentem uma grande necessidade de servir ao próximo, tornando-se, em muitos casos, voluntários para cuidar de pacientes terminais. A vida torna-se uma dádiva divina a ser apreciada e exaltada a cada instante. Sentem uma grande vontade de adquirir novos conhecimentos, e muitos retornam ou dão início aos seus estudos acadêmicos.

Muitos são os casos dos que percebem que têm talentos artísticos, ou dos que desenvolvem a clarividência, a habilidade de cura magnética etc. Aqui não seria ilógico concluir que, possivelmente, tão radical experiência teve a força de despertar e trazer à mente consciente conhecimentos e talentos que já possuíam de outras vidas.

No subtítulo *Idéias inatas* (questão 218 a 220) do Capítulo 4, "Pluralidade das existências", em *O Livro dos Espíritos*, há várias referências nesse sentido. Dizem-nos os espíritos que, mesmo passando de um corpo a outro, os conhecimentos adquiridos em cada existência não se perdem. Quando questionado por Allan Kardec (questão 219) sobre a origem de faculdades extraordinárias de certos indivíduos que, sem estudo prévio (como no caso de pessoas que as descobriram após a EQM), parecem ter a intuição de certos conhecimentos, como idiomas. Os espíritos responderam que tal se deve às lembranças do passado, do progresso anterior da alma de que o indivíduo não tem consciência enquanto encarnado. Mudou o corpo, mas não o espírito.

E por que não poderiam tais conhecimentos aflorarem em cada encarnação? Não seria melhor para nós e para nossa sociedade? Porque, explicam os espíritos, viemos aqui para exercitar outras faculdades, e os conhecimentos já adquiridos ficam em estado latente para ressurgirem mais tarde.

Tão positivas são as mudanças decorrentes de EQM que o doutor Sam Parnia, médico inglês e professor na Universidade Cornell nos Estados Unidos, um dos mais atuantes pesquisadores de EQM na atualidade, em seu livro *What happens when we die* (2006) (O que acontece quando morremos), fala na importância de descobrir quais partes do cérebro medeiam a EQM. E por que ele acha importante que haja essa descoberta? Em sua visão médica, para o desenvolvimento de medicamentos que possam estimular as pessoas a reproduzirem os efeitos positivos da EQM, e com isso tratar problemas psicológicos e psiquiátricos!

Mas aqui o leitor atento poderá fazer a seguinte objeção: se as ondas cerebrais cessaram, como mostrou, em muitos casos, a *flatline* do eletroencefalograma, cessaram também todas as funções do cérebro, portanto, nenhuma parte deste estaria sendo estimulada. Conseqüentemente, remédio algum será capaz de provocar os efeitos positivos da EQM.

E se Sam Parnia, experiente e conceituado médico sabe disso, por que sugeriria essa aparente preposteridade? Porque ele, assim como outros pesquisadores que não acreditam na existência da alma humana e de sua sobrevivência, crêem que a EQM ocorre antes ou depois da cessação das atividades cerebrais, ou da perda da consciência, e não durante o período de inconsciência.

E por que eles não crêem que a EQM ocorre durante o período da "morte" cerebral ou da inconsciência? E aqui entra um terrível paradoxo, porque não há atividade cerebral! E sem atividade cerebral cessa a vida humana! Mas inúmeros estudos demonstram que não é bem assim, então precisam criar alguma explicação que não implique a possibilidade da existência de algo imaterial no ser humano que seja capaz de sobreviver sem o cérebro.

*

Então, por que, mesmo clinicamente morta e, obviamente inconsciente, as pessoas que têm EQM são capazes de sentir, de ver, de ouvir, de pensar e de gravar eventos em sua memória e recordá-los, em minuciosos detalhes, ao serem "ressuscitadas"?

A resposta é esta...

seis

A consciência não precisa de cérebro

PAM REYNOLDS, CANTORA NORTE-AMERICANA, FOI LEVADA À SALA de cirurgia às 7h15 em uma manhã de agosto de 1991. Ela estava consciente (em seu corpo físico) até o momento em que a anestesia lançou-lhe em sono profundo. Pam sofreria uma cirurgia super-delicada e muito arriscada no cérebro para clipagem de um aneurisma extremamente grande. Para isso, seria necessário baixar a temperatura de seu corpo a 16 graus. Para atingir essa temperatura, o sangue teria de ser drenado e passado por um aparelho de refrigeração, para depois retornar ao corpo. O objetivo final desse processo era produzir uma parada cardíaca controlada para conter a circulação de sangue no cérebro e permitir a correção do aneurisma. Ou seja, por alguns momentos, Pam seria levada à morte clínica, pois seu coração pararia de bater, seu cérebro não receberia sangue e não registraria atividade encefálica.

Assim que a anestesia fez efeito, Pam teve seus cabelos raspados e seus olhos lubrificados para que não se ressecassem e tampados com adesivo apropriado. Em cada ouvido da cantora foi inserido um pequeno aparelho que impedia a entrada de sons para monitorar seus reflexos auditivos e a atividade do tronco encefálico.

Portanto, além de estar totalmente inconsciente em razão do efeito da anestesia e posteriormente da parada cardíaca, Pam ainda tinha seus órgãos visuais e auditivos completamente inutilizados. Se a consciência do ser humano fosse uma "secreção" ou, de alguma outra maneira, um subproduto do cérebro, como a ciência crê que seja, Pam não poderia ver nem ouvir nada, e muito menos locomover-se! Suas pernas e seus braços estavam firmemente atados à cama para evitar algum eventual movimento durante a delicada cirurgia.

Mas nada disso a impediu que saísse do corpo e visse e ouvisse, em detalhes, tudo o que ocorria na sala de cirurgia – e foi ainda literalmente mais longe, pois, deixando as dimensões terrenas, foi ter com seus entes queridos que a esperavam nos portais do Além.

"Lembro-me ter visto várias coisas na sala de cirurgia" contou ela ao doutor Michael Sabom. "Olhava de cima para baixo, como se estivesse 'sentada' sobre os ombros do doutor Spetzler [o médico que a operava]. Jamais estivera tão lúcida em toda a minha vida. Não era como uma visão normal, era muito mais claro e mais enfocado que a visão normal...

Achei peculiar a maneira como rasparam minha cabeça. Pensei que raspariam todos meus cabelos, mas não o fizeram..."

Pam descreveu, em precisos detalhes, a pequena serra que o médico usava para abrir-lhe o crânio, instrumento esse que jamais vira antes. E disse mais:

"Alguém falou que as minhas veias e artérias eram muito pequenas. Era uma voz de mulher, acho que foi a doutora Murray, a cardiologista... Lembro-me da máquina cardiopulmonar [utilizada para resfriar seu sangue]. Não gostava do respirador. Lembro-me de um monte de ferramentas e instrumentos que não reconheci de imediato."

Até esse momento, por volta de 10h50 da manhã (3 horas e 35 minutos após sua entrada na sala de cirurgia), a parada cardíaca ainda não havia acontecido, pois somente se daria quando do procedimento para a incisão no cérebro para a correção do aneurisma, não havendo necessidade de fazê-lo antes disso.

A parada cardíaca e a ausência de ondas cerebrais, a chamada *flatline*, ou morte clínica, deu-se por volta de 11h20, e o início da espetacular e audaciosa manobra cirúrgica ocorreu cinco minutos depois.

Foi então que Pam Reynolds deixou a sala de cirurgia e pôs-se a caminho do Além.

Contou ela:

"Tive a sensação de estar sendo puxada, mas não contra minha vontade. Fui por conta própria, porque queria ir. Era como se estivesse dentro do vórtice de um tornado, mas sem girar e sem ter vertigem. A sensação era de estar subindo por um elevador muito veloz. Mas não era uma sensação física. Era como se estivesse em um túnel, mas ao mesmo tempo eu percebia que aquilo não era realmente um túnel.

Logo que entrei no vórtice, ouvi minha avó (desencarnada) me chamando. Mas não a ouvia com meus ouvidos... Era uma audição muito mais clara. A sensação era de que ela queria que eu fosse a seu encontro, então continuei a viagem sem nenhum receio. O 'túnel' era bem escuro, e bem no final tinha um minúsculo ponto de luz que ia aumentando, aumentando...

A luz era incrivelmente brilhante. Tão brilhante que, instintivamente, tapei meus olhos com as mãos. Logo comecei a perceber a presença de pessoas na luz, todas elas cobertas com luz e emanando luz. E vi que começavam a tomar forma de pessoas que eu conhecia. Uma delas era a minha avó... Eu reconheceria minha avó e o som de sua voz em qualquer lugar. Todas as pessoas que vi tinham a aparência da melhor fase de sua vida terrena.

Eu reconheci muitas pessoas. Meu tio Gene estava lá [o que a empurrou de volta ao corpo], e Maggie, uma tia bem distante; meu avô paterno também estava. Eles estavam especificamente cuidando de mim, protegendo-me.

Eles não permitiam que eu fosse além daquele ponto. Foi-me comunicado – essa é a melhor maneira que tenho para explicar, pois eles não falavam como eu estou falando – que se eu penetrasse inteiramente na luz, alguma coisa ocorreria comigo fisicamente, e eles não seriam capazes de colocar-me de volta no corpo físico; se eu passasse daqueles limites não seria possível mais reconectar-me (com o corpo físico). Então eles não me deixavam sair daquele lugar. Mas eu queria ir à luz, mas ao mesmo tempo queria retornar, pois tinha filhos para cuidar..."

Na sala de cirurgia, a destreza do doutor Spetzler rapidamente corrigira o aneurisma cerebral, a máquina cardiopulmonar passou a bombear sangue quente na circulação de Pam e não tardou muito para que os monitores cardíaco e encefálico passassem a registrar sinais vitais no corpo ainda inconsciente da cantora.

Mas ela ainda não estava de volta!

"Então eles, os parentes desencarnados, estavam me alimentando. Mas não pela minha boca, com comida, nutriam-me com alguma outra coisa. A única maneira que consigo descrever é que era alguma coisa faiscante. Faíscas é a única imagem que me ocorre. Definitivamente eu me recordo da sensação de estar sendo nutrida e fortalecida. Sei que pode parecer engraçado, mas não era nada material, que me deixava fisicamente forte, pronta para qualquer coisa."

De repente o monitor cardíaco começou a registrar atividade elétrica de fibrilação ventricular[3] desorganizada. A

3. Fibrilação ventricular: um tipo de arritmia cardíaca. Acontece quando não existe sincronicidade na contração das fibras musculares cardíacas (miocárdio) dos ventrículos. Desta maneira não existe uma contração efetiva, levando a uma conseqüente parada cardiorrespiratória e circulatória. (N.A.)

temperatura do corpo foi rapidamente elevada na tentativa de corrigir o ritmo cardíaco. Mas não resolveu. Em seguida aplicaram-lhe choque no peito com 50 joules[4] de eletricidade. Não foi suficiente; então aumentaram para 100 joules. Quando faziam preparativos para abrir o peito de Pam para massagear o próprio coração, seu ritmo cardíaco começou a normalizar-se.

E Pam contou como foi seu retorno dos portais do Além:

"Minha avó não me trouxe de volta, nem me mandou de volta ou disse-me para retornar. Ela apenas olhou para mim. Eu pensei que fosse voltar com ela, mas fui informada que ela achava que não poderia fazê-lo. Então meu tio disse que me acompanharia. Foi ele quem me trouxe de volta pelo 'túnel'. Estava tudo bem. Eu queria voltar. Mas então retornei e vi aquela coisa, meu corpo. Eu não queria entrar... Sua aparência era horrível, como se tivesse sido atropelado por um trem. Tinha a aparência realmente de uma pessoa morta. Acho que estava coberto. Levei um susto e não queria nem sequer olhar para aquele corpo.

Foi-me comunicado que deveria entrar como se desse um mergulho em uma piscina. Sem problemas, entendi perfeitamente o que deveria fazer. Mas eu não queria voltar ao corpo, e acho que demorei muito ou algo assim porque meu tio me empurrou. Definitivamente eu senti repugnância pelo corpo,

4. Unidade de medida de energia do sistema internacional, derivada do nome do físico inglês James Prescott Joule. (N.E.)

mas ao mesmo tempo o corpo me puxava para si. Era como se o corpo me puxasse e o 'túnel' me empurrasse... E foi realmente como se eu estivesse mergulhando em uma piscina de água gelada... Até doeu!"(1)

Maria e o tênis na janela

Maria estava agitada, parecia ter algo importante que precisava falar com alguém. As enfermeiras que passavam pelo seu leito limitavam-se a verificar aspectos de sua saúde física, e, talvez em razão do inglês limitado da lavradora hispânica de meia-idade, não faziam mais esforços além do necessário para saber como ela se sentia fisicamente.

Na mudança de turno, a enfermeira que entrou receou que Maria pudesse ter uma recaída e telefonou para Kimberly Clark, a assistente social do hospital que estivera com Maria várias vezes durante os últimos três dias, desde os primeiros momentos em que havia sido internada.

Maria havia vindo a Seattle visitar alguns amigos, quando sofreu um enfarto e fora levada à emergência do hospital Harborview, naquela cidade, no Estado norte-americano de Washington. Maria estava conectada a um monitor cardíaco, com eletrodos instalados em várias partes do corpo, do peito às panturrilhas, quando Kimberly a viu pela primeira vez. E assim permaneceu; portanto, não havia como deixar o leito ou seu quarto, onde permaneceu até o dia em que recebeu alta.

Na manhã do quarto dia depois que Maria dera entrada no hospital, Kimberly tomava café e organizava seus afazeres do dia em seu escritório. De repente soou estridentemente o alarme que anuncia à equipe médica de emergência quando alguém sofre uma parada cardiorrespiratória.

Como já disse anteriormente, durante a parada cardiorrespiratória, aquela linha no eletrocardiograma (ECG), que antes era de picos e vales, que indicam o batimento normal do coração, torna-se uma linha reta horizontal. Nessa condição, o paciente morre se nenhuma providência para reanimá-lo for tomada, tais como massagem cardíaca, choques ou até mesmo injeção de adrenalina, como fizeram em George Ritchie, cuja história consta na abertura deste livro. Em virtude da parada cardiorrespiratória, cessa a circulação do sangue e o cérebro deixa de receber oxigênio, iniciando-se assim a morte cerebral. Então, os médicos ou familiares do paciente já podem autorizar a remoção imediata dos órgãos para doação, por exemplo. E nessas condições, segundo a ciência convencional, o paciente é incapaz de pensar, raciocinar, ver, ouvir e, obviamente, gravar qualquer coisa na memória, pois clinicamente está morto. E morto não pode ter consciência de nada!

A paciente que sofrera a parada cardiorrespiratória e que estivera nas condições acima descritas, nessa manhã, era Maria. Imediatamente ela, já inconsciente, estava rodeada de médicos, enfermeiros e um terapeuta encarregado de cuidar da respiração da paciente. Essa equipe de emergência tentava, freneticamente, restabelecer a respiração e o funcionamento normal do coração daquela senhora. Golpearam e massagearam seu peito, introduziram tubos em sua traquéia para levar ar a seus pulmões, conectaram-na a um aparelho portátil para monitorar a atividade cardiológica etc. Até que, finalmente, o esforço foi recompensado e conseguiram normalizar o funcionamento do coração e, conseqüentemente, a atividade cerebral. Maria permaneceu inconsciente por algum tempo, porém seu quadro clínico era estável.

Kimberly acompanhava o estado da paciente e, seis horas mais tarde, foi informada de que ela já havia recobrado a consciência e respirava sem necessidade de aparelhos.

Mas alguma coisa muito estranha acontecera com Maria durante o período em que esteve próxima da morte, e isso a estava deixando extremamente agitada. Aliás, foi por isso que a enfermeira pedira que Kimberly fosse ver a paciente para tentar acalmá-la, antes que tivesse outro enfarte.

Assim que viu Kimberly entrar, Maria sentou-se na cama e começou a gesticular freneticamente, passando a falar em seu espanhol nativo e, apesar de Kimberly conhecer um pouco o idioma, não entendia nada do que Maria estava falando. Kimberly teve que sacudi-la pelos ombros para que se acalmasse e voltasse a se deitar.

Maria queria falar alguma coisa, mas parecia não encontrar palavras. Kimberly limitou-se a lhe dizer:

– Tudo bem, Maria, tudo bem. Respire fundo.

Maria levantou o olhar e apontou para um canto do teto.

– Eu estava lá em cima e vi tudo o que aconteceu aqui embaixo.

– O que exatamente você viu, Maria? – indagou Kimberly, curiosa, mas sem saber do que Maria falava.

– Tudo.... Os médicos, as enfermeiras, a correria... – Maria deu todos os detalhes: a posição de cada um no quarto, o que cada um estava fazendo e o que conversaram. Falou da aparelhagem utilizada e sua localização e do papel que saía continuamente do eletrocardiograma. Tudo de forma precisa e correta.

Estalando os dedos, Maria acrescentou:

– De repente estava do lado de fora do hospital, suspensa no ar e olhando para a entrada da sala de emergência.

E Maria passou a dar detalhes corretos sobre aquela entrada do hospital; falou como os veículos que por ali passavam trafegavam no local e como a porta automática abria e fechava.

Apesar da exatidão dessas informações, Kimberly não acreditava no que Maria falava. Sua mente era muito profissional e racional para aceitar essa estranha confabulação.

No entanto, sua incredulidade não duraria muito. Apenas até Maria começar a falar de um objeto peculiar, encaixado em um lugar ainda mais peculiar – um velho pé de tênis em um canto do parapeito de uma janela de um quarto no terceiro andar do prédio, dois andares acima do quarto no qual Maria estava, em outra parte do hospital, onde Kimberly sabia que Maria jamais poderia ter estado!

– O tênis é azul-escuro – disse Maria, ainda assustada com o que lhe ocorrera –, velho e gasto no canto onde vai o dedinho; uma ponta do cordão está presa sob a sola do calcanhar. Eu estava pairando no ar, do lado de fora do hospital, cara a cara com o tênis.

Maria fitava Kimberly, e seu olhar implorava que a assistente social a ajudasse a provar que não estava ficando louca. E Kimberly saiu à procura do tal do tênis na janela. Saindo do quarto, caminhou ao redor de todo o hospital, perscrutando o parapeito de cada janela. Mas tudo o que conseguia ver era a parte inferior dos parapeitos, não a superior, onde estaria alojado o tênis.

Seu expediente já havia terminado, e Kimberly pensou em ir embora, mas sua consciência dizia para continuar procurando. Então passou a entrar em cada quarto do terceiro andar de cada ala do hospital. E quando entrou em um quarto na ala oeste, pressionando o rosto contra a vidraça para poder ver o parapeito, seu coração disparou. Agora era ela que quase teve um enfarte!

Lá estava o tênis. Kimberly abriu a vidraça e quase se pendurou na janela para conseguir apanhá-lo. Com o tênis nas mãos, olhava-o, estarrecida! Todos os detalhes a que Maria se referira estavam corretos. Era um tênis azul-escuro, gasto no canto do dedinho, com uma ponta do cordão grudada na sola do calcanhar!

Como dito anteriormente, todo o tempo que Maria permanecera no hospital até o momento de sua parada cardíaca, não havia saído de seu quarto, no primeiro andar, e passou o tempo todo conectada a monitores. Pela descrição exata que dera do tênis e pela posição deste no parapeito, segundo Kimberly Clark, não haveria outra maneira de vê-lo senão de algum ponto do lado de fora, no terceiro andar.(2)

A enfermeira, o "morto" e suas dentaduras perdidas

"No turno da noite a ambulância trouxe um homem de 44 anos, em coma, para o centro coronário do hospital", começou a relatar a enfermeira de plantão. "Pedestres o haviam encontrado no gramado de um parque aproximadamente uma hora antes. Aplicamo-lhe respiração artificial sem entubá-lo, enquanto lhe fazíamos massagem cardíaca e defibrilação. Quando fomos entubá-lo, vimos que ele usava dentaduras; removi-as e coloquei-as em uma gaveta no carrinho. E continuamos com todo aquele processo de reanimação cardiopulmonar. Levamos uma hora e meia para fazermos o ritmo cardíaco e a pressão arterial voltarem ao normal; mas mesmo assim o deixamos no ventilador e entubado, pois ele continuava em coma. Transferimo-lo para a UTI para dar continuidade à respiração artificial.

Passado mais de uma semana, reencontrei o paciente pela primeira vez, na ala de recuperação, quando fui lhe levar seu medicamento. E, no instante em que me viu, exclamou:

– Ah, essa enfermeira sabe onde estão minhas dentaduras.

Vendo minha surpresa, continuou:

– Sim, você estava lá quando me trouxeram ao hospital e tirou minhas dentaduras; depois colocou-as num carrinho cheio de frascos; embaixo tinha uma gaveta e você colocou-as lá."

Impressionada com o relato daquele homem, pois ele se lembrou de que ela havia feito exatamente isso quando estava em estado de coma profundo, e enquanto recebia reanimação cardiopulmonar, ela lhe fez outras perguntas e, pelo que ele respondeu, percebeu que ele estava se vendo sobre a cama; de uma posição elevada, via como as enfermeiras e os médicos se ocupavam de sua reanimação. Além disso, ele descreveu, correta e minuciosamente, a pequena sala onde havia sido reanimado e as pessoas ali presentes.

"Ele disse também que enquanto observava sua situação, temia que parássemos o procedimento de reanimação e ele morresse. E realmente ele tinha razão, porque não estávamos nada otimistas em razão das precárias condições em que se encontrava quando chegou ao hospital. Contou ele que tentava desesperadamente, mas em vão, dizer-nos que estava vivo e que deveríamos continuar o procedimento. Essa experiência o impressionou profundamente e disse que agora não tem mais medo de morrer. Quatro semanas depois ele deixou o hospital, totalmente recuperado."(3)

A extraordinária experiência de Hilda

O doutor David Fontana, professor de psicologia e atual vice-presidente da Sociedade para Pesquisas Psíquicas da Inglaterra, é um dos mais atuantes pesquisadores de fenômenos paranormais da atualidade. Em seus arquivos sobre experiências de quase-morte, ele registrou o extraordinário relato de uma mulher chamada Hilda.

Hilda viajava de carro com a família, na África do Sul, quando sofreram um grave acidente. Hilda e o marido foram arremessados para fora do veículo. Contou Hilda ao doutor Fontana:

"Estava fora do corpo quando vi meus filhos saírem do banco traseiro e correrem em direção ao local onde estava meu corpo; vi-os tentando me socorrer. Vi também meu marido deitado na estrada, e vi quando ele saiu do seu corpo e partiu em direção a uma luz brilhante bem distante. Nesse instante eu sabia que ele tinha morrido."(4)

"*Psiu*! Aqui em cima, querida!"

"Lembro-me saindo do corpo, a cabeça primeiro" contou um paciente do doutor Maurice Rawlings; "e flutuei para um canto próximo ao teto. Minha esposa estava chorando e eu tentava falar para ela olhar para mim lá em cima e ver que eu estava bem. Mas ela não olhava. Ninguém me dava bola. Então meti-me entre os dois médicos para ver o meu corpo. As roupas estavam queimadas e minha face coberta de pele queimada.

Um médico perguntou: 'a máquina está nos quatrocentos?' Então ele colocou dois discos de metal no meu peito que estavam conectados por fios à máquina. Eu vi meu corpo saltar e, nesse momento, voltei a ele. A dor era como se tivesse recebido um coice de mula no peito. Esta vida é certamente pior que a outra. Ainda me lembro de cada detalhe."(5)

*

E como a ciência explica esses fenômenos? Essa capacidade de ver, ouvir e raciocinar mesmo inconsciente? Para a ciência convencional, o ser humano é limitado à extensão de seu corpo físico, e sua existência tem início quando ele nasce e finda-se quando morre. Para a ciência, consciência e mente são uma espécie de secreção cerebral ou neuronal. Portanto, dada a morte cerebral, ambas deixarão de existir, obviamente, pois não haverá mais cérebro para secretá-la.

Então tais experiências só podem ser produtos de algum tipo de alucinação, alucinação esta possivelmente causada pela falta de oxigênio no cérebro (hipoxia) ou pelo efeito da anestesia ou medicamentos etc.

Porque a EQM não é alucinação

Como a ciência ainda não consegue explicar as causas da EQM do ponto de vista cerebral, pois trata-se de um fenômeno espiritual e a ciência não considera a existência do espírito ou alma humana, então classifica como alucinação.

O leitor recorda-se dos detalhes – corretos diga-se de passagem – que Pam Reynolds deu das ocorrências na sala de cirurgia, inclusive da precisa descrição da serra que foi utilizada, enquanto estava anestesiada, inconsciente e com os olhos bem vendados. Recorda-se também de Maria que, enquanto enfartada e inconsciente, no quarto do primeiro andar de um hospital, saiu para fora do hospital (em perispírito), flutuou até o terceiro andar, avistou o tênis velho no parapeito de uma janela, observou seus detalhes e posteriormente os descreveu a Kimberly Clark, que encontrou o tênis no lugar indicado e constatou a veracidade dos detalhes que Maria lhe havia dado. Lembra-se ainda do homem que foi encontrado em coma em um parque, que havia dado entrada no hospital nesse estado, mas que mesmo assim viu e gravou em sua mente a fisionomia da enfermeira que lhe retirou as dentaduras, onde ela as guardou e, após sua recuperação, reconheceu-a e disse-lhe onde elas estavam, além de enumerar outros detalhes igualmente confirmados como verídicos.

Agora veja o leitor a incoerência de usar a alucinação como explicação para esses fenômenos. Eis uma das mais detalhadas definições do termo, elaboradas pelos próprios médicos: "alucinação são impressões sensoriais falsas ou distorcidas que aparentam ser percepções reais, geradas pela mente, em lugar de serem produzidas por estímulos externos".(6)

Como ocorrência psiquiátrica, o dicionário Aurélio define alucinação como sendo a "percepção do ausente, ou do inexistente, ou ainda, percepção alterada de objeto presente".

Até aqui tudo bem, um eloqüente cientista poderia até vender a hipótese da alucinação. Mas agora veja o detalhe que por si só já seria suficiente para lhe arrebatar o mérito como explicação. A alucinação dá-se apenas e tão-somente quando o indivíduo está consciente!

A mente ou o cérebro de Pam Reynolds, de Maria e do homem das dentaduras, para mencionar apenas esses três exemplos, de acordo com a definição dada anteriormente, gerariam as "impressões sensoriais falsas" (que provaram ser verdadeiras). Entretanto, estando inutilizados, do ponto de vista da ciência, seriam incapazes de gerar qualquer percepção, falsa ou real!

Tamanho paradoxo deveria servir de estímulo para a ciência para buscar outras causas que não a alucinação, e que, diga-se de passagem, tampouco serão encontradas enquanto a ciência não reconhecer que o homem é um espírito ou alma imortal. A EQM nada mais é que a emancipação momentânea da alma em conseqüência da prostração do corpo físico, que permite a ela lançar-se ao espaço.

Como o Espiritismo explica a EQM

A EQM é o episódio mais intenso de emancipação da alma, em processo também denominado *desdobramento* ou *desprendimento* do perispírito dos liames do corpo físico causado pela prostração deste. *O Livro dos Espíritos* traz um capítulo inteiro tratando do fenômeno da emancipação da alma, do qual a EQM é uma forma mais completa[5].

Como já mencionado anteriormente, na EQM, a prostração do corpo é quase total e isso permite maior liberdade e lucidez ao espírito. E é essa maior liberdade e lucidez que permitem à pessoa que está passando por EQM trazer tantos detalhes ao retornar dos portais do Além.

A ciência ainda não consegue explicar como Pam Reynolds, mesmo anestesiada e totalmente inconsciente, soube descrever corretamente o peculiar instrumento e os procedimentos cirúrgicos que lhe aplicaram; como Maria pôde dar minuciosos detalhes do tênis no parapeito da janela no terceiro andar, quando seu corpo estava no térreo; tampouco como o homem que, mesmo em coma desde sua chegada ao hospital, não só reconheceu a enfermeira que o assistira como lembrou onde ela guardara as dentaduras dele.

Como então poderiam essas pessoas terem visto o que viram se, além do fato de elas estarem inconscientes, o lobo

5. Veja *O Livro dos Espíritos*, Cap. 8, "Emancipação da alma". (N.A.)

occipital de seu cérebro, centro responsável pela visão, estava inativo? E mesmo que estivesse ativo, os olhos dessas pessoas estavam fechados; os de Pam Reynolds foram até vendados!

A ciência ainda não consegue explicar, mas o Espiritismo sim! O espírito, fora do corpo físico, não precisa de órgãos visuais para ver! "(...) mas se o deixásseis livre compreenderia que [o espírito] vê por todas as partes de seu corpo [perispírito] ou, melhor dizendo, vê de fora de seu corpo".(7)

Se não precisamos necessariamente de olhos para enxergar, um deficiente visual poderia enxergar durante uma EQM? Poderia haver confirmação?

As respostas, como veremos no capítulo seguinte, são *sim* e *sim*!

sete

Vendo com os olhos da alma

ERA MADRUGADA QUANDO VICKY UMIPEG CANTOU SUA ÚLTIMA canção em uma boate de Seattle. Saindo à rua, pediu que lhe chamassem um táxi. Esperou em vão um longo tempo, e decidiu tomar a lotação que a levaria para um lugar movimentado da cidade.

Sem trânsito e no silêncio da noite, o motorista corria mais do que deveria. Não tardou muito, perdeu a direção e a perua capotou várias vezes. Vicky foi lançada para fora do veículo e teve graves ferimentos – fratura de crânio, lesões sérias no pescoço, nas costas e em uma das pernas.

Vicky não se lembra exatamente como o acidente ocorreu. Mas lembra-se de algo, especialmente para ela, extremamente inusitado. Assim que seu corpo chocou-se com o rígido asfalto, após o impacto que a fez ficar gravemente ferida, Vicky flutuou no ar. E lá embaixo viu o corpo que havia deixado e o veículo destroçado.

Atônita, sem compreender bem o que lhe ocorria, deu-se conta que estava em um corpo, que era completo, mas havia uma diferença: em lugar de ser composto de matéria perecível como aquele que jazia inconsciente e quase morto no solo, esse era leve, maleável e feito de "luz", conforme a sua percepção.

Logo chegou a ambulância e o corpo de Vicky foi transportado às pressas ao Hospital Harborview. Vicky não se recordou do trajeto que fez do local do acidente ao hospital. Somente recobrou a consciência na sala de emergência do hospital, igualmente em uma posição inusitada. Vicky pairava flutuando perto do teto, e viu seu corpo inerte, magro e longo estendido na cama, e o médico e a enfermeira trabalhando diligentemente para reavivá-lo.

Mas, mesmo com o corpo inconsciente, Vicky sentia-se livre, solta e lúcida, com toda sua capacidade de raciocínio intacta, chegando mesmo a ouvir alguns comentários daqueles que a assistiam. O médico estava preocupado, pois parecia que os tímpanos haviam sido seriamente danificados e Vicky poderia perder a audição.

– Eu estou bem, doutor! – disse Vicky ao médico. Mas este não lhe deu a mínima atenção.

– Doutor, não se preocupe comigo; eu estou bem! – insistiu, em vão.

De repente, sem saber como, Vicky viu-se subindo e atravessando o teto da sala de emergência. Olhou para baixo extasiada. Aquela visão panorâmica do hospital e seus arredores deixava-a muito emocionada. Jamais em sua vida havia "visto" algo assim.

E "veria" muito mais!

Primeiro foi o ponto de luz no final do túnel escuro no qual acabara de entrar, como se houvesse sido "puxada" dentro dele. À medida que viajava em direção ao ponto de luz, a luz se expandia e, quando a alcançou, viu que não era apenas uma luz, mas um lugar, um mundo novo e iluminado. Vicky "viu" a seu redor algo que jamais havia "visto" antes do acidente devido ao qual seu corpo estava nesse momento inerte e inconsciente naquela cama de hospital – árvores verdejantes, imensos jardins floridos e gente, muita gente, pessoas que não mais tinham sua morada na Terra.

E cinco delas se acercaram de Vicky. Primeiro vieram Debby e Diane, já crescidas, para a surpresa de Vicky. Mas sua surpresa maior foi ver suas antigas amiguinhas de jardim da infância e escola primária vivas e totalmente saudáveis. Não eram mais aquelas duas crianças deficientes mentais e visuais que conhecera na Terra.

Em seguida aproximaram-se o senhor Zilk e sua esposa, o casal que cuidou de Vicky por muito tempo durante sua infância, e a quem ela havia retribuído com seu amor o carinho que os dois tiveram por ela. Depois veio a avó, o anjo bom que praticamente a criara, desencarnada apenas dois anos antes do acidente. Acidente este que ora trazia Vicky frente a frente de seres queridos que ela havia julgado mortos, mas que continuavam existindo e estavam ali para lhe dar as boas-vindas ao novo mundo que ela encontraria quando chegasse sua hora de deixar a Terra.

O amor e a beleza daquele lugar eram tão impressionantes que Vicky queria ficar lá, não queria mais retornar à Terra, e muito menos àquele corpo que tantas limitações lhe trazia.

E nesse momento sentiu a presença de um ser a seu lado. Um ser que irradiava tanto amor e compaixão que agora, mais que nunca, Vicky queria ficar.

Vicky não havia falado que queria ficar, havia apenas pensado. E o ser "ouviu" seu pensamento.

– *Você não pode ficar, Vicky. Ainda não é a sua hora.*

– Mas não quero voltar. Eu quero ficar – retrucou Vicky, em pensamento.

– *Seu trabalho na Terra ainda não está terminado. Você vai ter os filhos que quer ter. E além disso* – acrescentou o ser – *há duas lições primordiais que você ainda precisa aprender: você precisa aprender a amar e a perdoar.*

Vicky não contestou; seu espírito sabia da necessidade de retornar ao corpo físico para aprender essas duas lições.

– *Mas antes* – disse-lhe o ser – *deixe-me mostrar-lhe uma coisa.*

De repente Vicky vê, como espectadora, cada momento de sua vida, desde o dia de seu difícil nascimento até o momento do acidente. Tudo lhe era mostrado – seus acertos e seus erros, suas alegrias e suas mágoas, o bem que fez e que deixou de fazer, as alegrias e as tristezas que causou a outros... E o ser a seu lado via tudo e sentia tudo que Vicky via e sentia, mas ele não a julgava nem a condenava, apenas comentava, construtivamente: "melhor se houvesse sido assim, se tivesse feito isso em vez daquilo etc. Não se culpe, da próxima vez você o fará melhor; não há erros, apenas lições a serem aprendidas; o amor é o único caminho para a verdadeira felicidade..."

Nesse instante Vicky percebeu, em seu íntimo, a grande escola que é a Terra, e sentiu um grande desejo de retornar a seu corpo físico.

– *É hora de você voltar* – captou ela do ser.

Vicky ouviu um ruído assustador, como se houvesse novamente se estatelado contra o solo. Tentou mover-se, mas parecia que a haviam metido em uma espessa e pesada armadura de gesso. Tentou abrir os olhos, mas suas pálpebras não obedeciam a seu desejo. Estavam incrivelmente pesadas. E mesmo que se abrissem, tudo o que Vicky seria capaz de ver seria escuridão. Seus órgãos visuais, totalmente danificados, não lhe permitiam ver. Vicky era cega desde o dia em que nasceu para esta vida e jamais havia visto coisa alguma até aquele sublime momento em que conseguiu desvencilhar-se dos laços da matéria. Uma vez livre de suas grosseiras limitações, passou a ver com os olhos da alma o mundo que um dia todos veremos, assim que cruzarmos os batentes dos portais do Além.(1)

A luz é para todos

Naquela semana, Brad Barrows não vinha se sentindo muito bem. A falta de ar, o cansaço, a tosse e a febre, que agora também se fazia presente, vinham lhe deixando cada vez mais enfraquecido e debilitado. E, naquela noite, achava que ia morrer. Mas foi de manhã, por volta de 6h30 ou 7h, que sua respiração cessou e seu coração parou de bater.

Pouco antes de seu coração parar, Brad começou a sentir seu corpo gelar e enrijecer, ao mesmo tempo que se sentia em espírito desvencilhando-se lentamente das amarras do corpo físico, e subia como uma bolha de sabão em direção ao teto do dormitório que compartilhava com um colega.

E logo, Brad, literalmente, não acreditava no que via: primeiro viu seu companheiro de quarto saindo em busca de socorro, e depois o corpo inerte sobre a cama. Mas suas impressionantes surpresas continuaram!

Brad atravessou o teto do quarto do colégio onde estudava e viu-se flutuando no ar e olhou para baixo. Ao mesmo tempo foi tomado por uma sensação de êxtase e incompreensão. Como seria possível aquilo estar acontecendo com ele?

Brad viu, pela primeira vez, as ruas que circundavam o *campus* do colégio. A neve havia caído recentemente e a niveladora havia passado e limpado as ruas, acumulando bancos de neve nos dois lados da calçada. Brad viu também algo que jamais havia visto antes: um ônibus que fazia sua rota nas redondezas, o parquinho que era a alegria das crianças da vizinhança e o morro que gostava de escalar.

E então veio um "puxão magnético" para cima e Brad foi atirado em um túnel escuro, apertado, viajando em incrível velocidade, até entrar em uma outra dimensão. Quando atingiu o final do túnel, abriu-se à sua frente um vasto campo iluminado, acarpetado por um gramado alto e verdejante, repleto de palmeiras altas e frondosas.

Uma trilha cortava um gramado próximo a um palmeiral, e Brad caminhou por ela, respirando o ar mais refrescante que jamais havia respirado, sentindo na pele o toque de uma temperatura absolutamente perfeita, nem frio nem calor, nem seca nem úmida – simplesmente perfeita. Brad sentia-se de regresso a seu lar. Não sabia como nem por quê, mas a sensação que tinha era a de pertencer a esse lugar. Ele não queria mais sair do local que estava.

Brad sentia-se maravilhado e perplexo ao mesmo tempo com tudo o que via a seu redor: as imensas palmeiras, o gramado alto e verdejante, a trilha por onde caminhava e seu corpo novo e perfeito. "Mas como era possível ver tudo isso?"– indagava-se, extasiado. De uma coisa estava certo: experimentava algo muito além da capacidade dos limitados sentidos daquele corpo que naquele momento jazia em seu dormitório.

A luz! Chamava-lhe a atenção a luz do lugar, a claridade que o cercava. Iluminava toda parte, irradiava-se das palmeiras, de seus troncos de suas folhas gigantescas e do gramado por onde caminhava.

Então ouviu música: milhares de vozes cantando em idioma que desconhecia ou talvez em tantos idiomas que ele era incapaz de definir um em particular. O gênero musical que ouvia era do gênero *nova era*.

Brad caminhou em direção a ela. Instintivamente, começou a cantar também e sua voz juntou-se àquelas tantas outras. A sensação era divina, como se ele estivesse em uma jornada celestial para se encontrar com Deus. "Jamais quero sair daqui", pensou.

Brad avistou, em seguida, uma imensa estrutura de pedra, um edifício que parecia pulsar em luz, ou melhor, parecia ser feito de uma luz tão intensa e magistral que ele não resistiu ao desejo de se dirigir ao edifício. Ele queria penetrar naquela luz. A princípio, teve receio de ser incapaz de suportar tamanha claridade. Temia danificar ainda mais seus olhos. Mas mesmo assim seguiu adiante e logo percebeu que a luz em nada lhe afetava. Penetrando no edifício, viu-se em um túnel.

E mais música! Harmoniosa, tão bela, cantada por tantas vozes com tanta intensidade que Brad tinha certeza de que não se tratava de simples música. Não, era mais que isso, muito mais. Era uma oração. Uma oração cantada em louvor ao Criador.

Brad queria descobrir de onde vinha essa música. Queria ir à fonte de tão rara e sublime beleza. E pôs-se a caminhar em direção à música.

Mas o que Brad não sabia é que, apesar de estar nos portais do Além, ainda não era sua hora de atravessá-los para então permanecer no mundo dos espíritos.

Um braço grande e forte apareceu em sua frente e impediu que avançasse. À sua frente estava um ser do qual emanava luz, não apenas luz, mas também amor e compaixão. Brad não ouviu sequer uma palavra, mas sabia, intuitivamente, que seu trabalho na Terra ainda não estava terminado. Ele teria que retornar.

Mas não queria retornar! A música! Ele queria ir à música! Dando um passo à frente, Brad tentou forçar a passagem. E o ser à sua frente deu-lhe um pequeno empurrão, lançando-o em sua viagem de volta a uma velocidade alucinante em sentido oposto ao que viera. Brad saiu do edifício de luz, passando pelos palmeirais verdejantes, entrando novamente no túnel escuro. Depois, sobrevoou a cidade, atravessando o teto do colégio onde estudava e morava, chegando, finalmente, de volta a seu quarto e a seu corpo.

Sobre seu corpo estava alguém que se alegrava por tê-lo trazido de volta à "vida", mas Brad não sabia quem era. Ele não conseguia vê-lo. Brad, assim como Vicky, era cego de nascença, e jamais havia visto imagem alguma antes de sua EQM.(2)

Visão mais que perfeita – e panorâmica!

Debbie também era deficiente visual desde que nasceu. A única diferença era que ela conseguia distinguir a claridade da escuridão. Debbie teve duas EQMs. Em uma delas, recuperava-se de gravíssimas queimaduras que a mantiveram hospitalizada por dois meses. Debilitada por dolorosos ferimentos, enquanto escovava os dentes em uma tarde de domingo de Páscoa, Debbie sentiu que estava desfalecendo. Perdeu a consciência, desmaiou e caiu. Mas como poderia ter perdido a consciência diante da grandeza dos fenômenos que começava a vivenciar, enquanto seu corpo físico e cego jazia inerte no chão?

Primeiro foi a luz, com cores indescritíveis, que a engolfou. Debbie, que jamais havia visto cores antes, maravilhava-se.

E via mais!

Ao mesmo tempo que via a luz e suas indefiníveis cores, via o cômodo onde estava, via no chão seu corpo físico inconsciente, via sua mãe, desesperada, sobre ela, chamando-a para despertá-la. Ah, a sua mãe! Uma mulher de cabelos grisalhos, de baixa estatura, vestida com um roupão negro. Era a primeira vez em sua vida que Debbie via a mulher que a dera à luz!

E pela primeira vez em sua vida, Debbie via seu próprio corpo. Seu corpo era magro, assim como seu rosto, seus cabelos eram castanhos, já com alguns fios grisalhos. Mas mesmo assim notou que não tinha rugas na face, ainda era jovem.

Alguém apareceu a seu lado, um ser cuja simples presença dava-lhe conforto e paz. E Debbie deixou o recinto onde estava. De repente viu-se cruzando uma ponte; do outro lado da ponte, um grupo de pessoas se aglomerava. Entre elas estava sua avó, a quem Debbie não chegou a conhecer. A avó aproximou-se da neta e apresentou-se; apresentou também seus amigos e alguns parentes distantes seus.

Debbie ouviu uma voz feminina que lhe soava familiar.

– Olá, Debbie!

Foi uma grata e inesperada surpresa. Era uma jovem que Debbie conhecera mas que jamais havia visto antes: sua amiga Darlene, desencarnada fazia algum tempo. Em vida, Darlene era gordinha devido a um problema na tireóide, mas agora via-se esbelta e saudável.

Em seguida, Debbie viu-se diante de um ser grandioso, cuja energia era tão intensa e cheia de amor que sentia como se estivesse na presença de Deus.

E pediu para ficar com ele. Mas em lugar de lhe responder, o ser falou-lhe de seu futuro, com quem iria se casar, que teriam uma linda menina e que se tornaria professora. Seu futuro era belo, mas mesmo assim Debbie protestou:

– Não quero voltar. Por favor, deixe-me ficar. Não quero sair deste lugar.

E por que Debbie não queria voltar? Porque queria poder enxergar! Ver enchia-lhe de alegria e por isso ela queria continuar vendo. Ela sabia que, ao retornar ao corpo físico, deixaria de enxergar.

Mas ela precisava voltar, pois era necessário que continuasse sua vida na Terra, até que seu tempo se completasse. E Debbie voltou e tudo aconteceu como fora previsto pelo ser que a amparara e lhe mostrara seu futuro. O homem era o mesmo a quem o ser se referira e tiveram uma linda filhinha.(3)

Mindsight – A visão da mente

Mindsight (ou visão da mente) foi o termo que o doutor Kenneth Ring empregou para denominar a capacidade dos deficientes visuais enxergar quando passam por EQM. Ring foi o primeiro investigador de EQM a estabelecer métodos científicos e sistematizados ao fenômeno das experiências de quase-morte (ver Cap. 13).

Tendo pessoalmente investigado um grande número de EQMs em pessoas com visão normal, ele usou de um raciocínio extremamente lógico. Se mesmo na condição de clinicamente mortas, com sua visão física completamente inutilizada, essas pessoas conseguiam enxergar, elas só poderiam estar vendo por outro órgão que não estivesse confinado ao corpo físico.

Então, por que um deficiente visual, que passa pelo mesmo processo, não poderia ver?

Para testar sua hipótese, com a ajuda de associações americanas de apoio a deficientes visuais, o doutor Ring conseguiu identificar 21 pessoas cegas que haviam passado por EQM. Duas delas, cegas de nascença, foram Vicky Umipeg e Brad Barrows, que relataram a Ring suas experiências e visões fora do corpo, como acabamos de ver. Entre os deficientes visuais, alguns se tornaram cegos na infância, outros possuíam visão muito limitada, sendo capazes apenas de distinguir luz e sombras. Quinze, dos 21 deficientes visuais disseram ter visto imagens, três deles não souberam dizer se haviam sido capazes de enxergar alguma coisa, apenas três disseram que nada viram.

E que tipo de visões tiveram os deficientes enquanto estavam fora do corpo, durante suas EQMs? As mesmas relatadas pelas milhares de pessoas de visão normal que passaram pelas mesmas experiências! Viram o corpo físico inerte na cama e, deixando o recinto, viram parentes e amigos desencarnados, assim como paisagens espirituais, luz radiante, o ser de luz etc.

Como o deficiente visual consegue ver durante a EQM?

Os pesquisadores de sonhos dos deficientes visuais reportam que cegos de nascença, assim como muitos que nasceram com visão mas a perderam antes dos cinco anos de idade, não vêem imagens em seus sonhos. Segundo os pesquisadores, cegos de nascença não vêem imagens por não tê-las registradas no cérebro. E sendo o sonho, na concepção desses pesquisadores, um fenômeno resultante de movimentos neuronais e confinado ao interior do cérebro, não poderia ser diferente. Se o cego nunca viu uma casa, um carro, uma rua, uma árvore, o rosto de uma pessoa, um riacho como poderia reproduzi-los em sonhos?

Os estudiosos do Espiritismo sabem que durante o sono o espírito se retira do corpo, viaja pelo espaço, vai ter com espíritos que lhes são caros etc (ver cap. "Emancipação da alma", em *O Livro dos Espíritos*). E uma vez despojado do corpo físico, ainda que momentaneamente, despoja-se também das limitações dos sentidos físicos, e mesmo que os olhos físicos não possuam visão, a do espírito é perfeita e imperecível.

"O dom da visão nos Espíritos", indagou Kardec à espiritualidade (*O Livro dos Espíritos*, questão 245), "é limitado e localizado, como nos seres corporais?" Resposta: "Não. A visão está neles como um todo". Ou seja, a visão do espírito é onidirecional.

E dos relatos feitos ao doutor Ring, haveria outros que pudessem corroborar o que nos ensina o Espiritismo a respeito da visão onidirecional do espírito?

Sim, existem!

Robert Sullivan investigou EQMs de soldados ocasionadas por ferimentos graves durante combates. Um de seus entrevistados, um soldado americano que lutou na Segunda Guerra Mundial, contou-lhe que em uma investida contra as forças nazistas recebera ferimentos graves, mas nem se deu conta e seguiu correndo – fora do corpo físico! Disse que enquanto corria podia ver os inimigos que estavam à sua frente e os que estavam atrás dele, ao mesmo tempo! (4)

*

Os relatos de EQMs que vimos até agora estão cheios de luz e beleza radiante. Muitos que passaram por essa experiência não queriam voltar. Mas nem todas as EQMs são assim tão prazerosas; há também aqueles que chegam aos portais do Além e só vêem trevas – parece que sabem por que estão ali.

Esses querem voltar para a Terra!

E por que não querem ficar como os outros? Por duas razões. A primeira é porque dão-se conta de que estão vivendo na contra-mão das leis divinas e querem voltar para redirecionar suas vidas. E a segunda é porque o lugar para onde vão não é nada agradável. Muito ao contrário!

oito

Mude sua vida, ou...

"SENTIA UMA DOR TERRÍVEL NO ABDÔMEN DEVIDO A UMA INFLAMAÇÃO no pâncreas. Davam-me medicamentos para elevar minha pressão arterial que estava caindo; minha consciência desvanecia-se. Lembro-me de que tentavam me reanimar. De repente estava em um longo túnel. Eu estava flutuando e me movimentando muito rapidamente. O túnel parecia ser subterrâneo, talvez fosse uma caverna. Os sons que ouvia eram horríveis; o odor, putrefato. Agora tudo parecia ocorrer em câmara lenta. Não consigo me lembrar de tudo o que vi, mas alguns habitantes do lugar eram apenas metade gente; zombavam-se e falavam-se em um idioma que eu não compreendia. Se alguém me perguntar se vi algum conhecido ou se encontrei algum facho de luz, não encontrei. Mas havia uma pessoa muito grande, com roupas brancas radiantes, que apareceu quando gritei 'Jesus, me salve!' Ele me olhou e eu captei mentalmente sua mensagem: '*modifique sua vida!*' Eu não me lembro como saí de lá, nem como voltei. Há muitas outras coisas que certamente ocorreram de que não me lembro. Talvez esteja com medo de me lembrar delas."(1)

Amarga experiência no Além

Jay deliciava-se com os prazeres da vida agitada: jogar nos cassinos de Las Vegas onde residia, sair com os amigos, beber, drogar-se. Em uma dessas baladas, Jay acredita que um de seus "amigos" de farra colocou, sem ele perceber, drogas em sua bebida. E foi então, para seu susto e sua sorte, que Jay experimentou amarga experiência no Além.

"Saí do corpo e mergulhei na escuridão", contou o jornalista de 38 anos de idade. "Experimentava a eternidade em um terrível vazio; a dor era insuportável. Não era uma dor física, mas psicológica, emocional e espiritual. Uma dor que jamais esquecerei. Agora eu compreendo o significado do inferno. Sei porque eu estive lá! É a ausência de tudo – de amor, de emoções, é um vazio absoluto e terrível! Desci nesse lugar e tinha certeza de que não sairia mais de lá.

Em certo ponto dessa horrível viagem, recapitulei minha vida. Foi tudo muito rápido, mas sentia que era meu julgamento. Clamei o nome de Deus e foi pelo poder de Sua misericórdia que consegui voltar. Foi tudo muito intenso.

Eu acredito que Deus tem controle de tudo o que ocorre em nossas vidas. Compreendi essa experiência como sendo um aviso: 'você vai acabar aqui se continuar vivendo como está!'

Não importa quão ruim esteja a vida na Terra, não dá para comparar com a vida nas trevas. A morte é bem pior que a vida se não dermos uma ajuda a Deus, para que Ele possa nos ajudar. Tenho certeza de que o que passei foi uma benção disfarçada. Deixei as drogas, mudei-me para a Flórida e fui estudar religião. Antes, minha atitude a respeito da morte era casual, mas agora tenho medo. A vida na Terra é muito breve, mas a eternidade é muito longa. Sim, tive um aviso. Deus permitiu-me voltar, deu-me uma segunda oportunidade para que modificasse meu comportamento. O medo das trevas após a morte levou-me a dedicar-me aos estudos das Escrituras Sagradas.

A experiência que vivi nos mostra o que todo mundo deve saber: nossa vida não termina com a morte."(2)

Da garrafa ao inferno

Dennis era alcoólatra e, aos 35 anos de idade, seu corpo já não agüentava mais. Enquanto se recuperava em uma clínica de desintoxicação, seu apêndice estuporou. Com febre altíssima e dor intensa, teve, obviamente, que ser hospitalizado. Como diz o antigo adágio, pelo menos para Dennis parece que foi assim: Deus realmente escreve certo por linhas tortas. Dennis vivenciou uma EQM, foi para uma região sombria, mas voltou iluminado!

Em suas próprias palavras: "Após a cirurgia, entrava e saía do coma. Em dado momento, estava com tanta dor – do corte, dos pontos, dos drenos e dos tubos que era difícil continuar lutando. Eu não conseguia me comunicar. Estava deitado na cama e, de repente, saí do corpo. Parei próximo ao teto e fiquei olhando para baixo, para aquele corpo magricelo e frágil, e pela primeira vez dei-me conta de quão doente eu estava. Então o quarto começou a escurecer, e foi ficando cada vez mais escuro. Era como se estivesse em um vácuo. A ausência de luz era completa.

Senti-me amarrado à escuridão, como se um peso me prendesse ao solo. Era o inferno sobre o qual me falavam quando eu era criança. Nessa escuridão total, minha vida foi recapitulada. Em sua maioria eram decepções comigo mesmo. As cenas passavam rapidamente. Não eram as cenas em si que me incomodavam, mas sim o desperdício que havia sido a minha própria vida. Impressionei-me com o fato de não ter feito nada que prestasse.

Nesse momento comecei a ver fragmentos negros que se moviam na escuridão. Olhando-os atentamente, vi silhuetas, sombras humanas e passei a ouvir correntes sendo arrastadas e gemidos que me deixaram aterrorizado.

Achava que eram meus ancestrais vindo me buscar, mas eu não queria ir. Em meio à escuridão, vi aparecer um ponto de luz, como se fosse a chama de uma pequena vela de aniversário. Algo me dizia para não dirigir meu olhar para a escuridão, mas para a luz. Então eu disse: 'Deus, estou pronto para ir se o Senhor me quiser, mas tenho vivido uma vida tão inútil que gostaria de ter outra oportunidade para endireitar-me'. E, naquele momento, a lâmina de uma espada atravessou a chama e o quarto se iluminou.. Nisso, voltei ao corpo e ouvi os médicos e as enfermeiras dizendo: 'Ele está vivo!'

Eu tinha abandonado a igreja aos 13 anos. Após essa experiência, passei a freqüentar as reuniões dos Alcoólicos Anônimos, reencontrei minha fé, voltei à igreja e sigo os ensinamentos de Cristo. Nas reuniões dos Alcoólicos Anônimos, compartilho com eles essa horrível experiência e conto-lhes como Deus me tocou e me permitiu me modificar.

Se eu continuasse naquele caminho, o inferno era meu destino. Mas agora não preciso mais voltar para lá. Eu tinha uma escolha a fazer. Deus permitiu-me fazê-la e permite a todos que quiserem modificar sua vida, a qualquer momento. Descobri que minha missão agora é mostrar a luz àqueles que caminham na escuridão, como eu fazia antes dessa experiência."(3)

EQMs negativas

As EQMs negativas, como é chamado o tipo de experiência que vimos anteriormente, podem ser consideradas uma bênção, um "chacoalhão" de Deus para despertar o espírito e relembrá-lo da razão pela qual ele reencarnou na Terra – para que você redirecione o curso de sua jornada, para que redescubra que está aqui para aprender e para ensinar, para ser uma força positiva no meio em que vive, para ajudar seu próximo, para aprender e praticar o amor incondicional e o perdão, para reconectar-se com Deus.

Não estamos aqui para causar danos nem a nós nem aos outros, pois a vida é uma dádiva preciosa que ninguém tem o direito de destruir. E os que tentaram destruí-la arrependeram-se amargamente!

nove

Suicídio, uma escolha equivocada

O CARPINTEIRO DE 48 ANOS DE IDADE PASSOU VÁRIOS ANOS JUNtando dinheiro para tirar férias prolongadas com sua esposa. Faltando alguns dias para a tão esperada viagem, ele foi preso por dirigir embriagado, recebeu uma multa pesada e suspenderam sua carteira de habilitação.

E o homem tentou se matar!

Subindo no teto de um pequeno cômodo no fundo de seu quintal, amarrou a ponta de uma corda em uma viga e a outra no pescoço, e saltou.

A queda deveria ter-lhe quebrado o pescoço e o matado instantaneamente, mas uma cadeira velha encostada na parede amorteceu o impacto. O homem ficou pendurado e a corda o estrangulava.

Mas ele nem se preocupou! Estava fora do corpo!

"Minha aparência era horrível", disse o homem. "Fiquei assustadíssimo. Eu conseguia ver e ouvir normalmente. Mas não apenas os ruídos do local. Ouvia também os demônios que me cercavam por todos os lados; não conseguia vê-los mas sabia que me atormentariam por toda a eternidade. Fiquei desesperado e queria voltar ao corpo de qualquer maneira, mas não sabia como fazê-lo. Precisava de ajuda. Então saí correndo para minha casa e passei pela porta fechada como se estivesse escancarada. Gritei o nome da minha esposa que estava na sala, mas ela não me via e nem me ouvia. Corri para abraçá-la e aproximei-me dela. A sensação era muito esquisita, como se eu conseguisse ver e ouvir com os olhos e os ouvidos dela. Imediatamente, ela exclamou: 'Meu Deus!'

Agarrando uma faca e uma cadeira, ela saiu correndo em direção ao cômodo. E eu atrás! Ela cortou a corda e eu voltei ao corpo."

Sentindo que ele ainda tinha pulso, a esposa chamou o resgate e o marido foi socorrido a tempo.(1)

Viver ainda é a melhor solução

Shandra não agüentava mais viver. Pela quarta vez tentara o suicídio, desta vez ingerindo grande quantidade de cápsulas de tranqüilizantes.

"Minha família era muito rica", contou ela. "Eu vivia em uma mansão com um pai bipolar[6] que me batia muito. Eu

6. Transtorno bipolar é uma doença caracterizada por variações de humor, depressão e euforia, com episódios de extrema alegria e episódios de fortes depressões. (N.A.)

carregava muito rancor dentro de mim, sofria muito com isso e não queria mais viver. Então tomei um frasco de tranqüilizantes para me livrar da dor. Enquanto minha consciência se desvanecia, ouvi pessoas telefonando para minha família dizendo que eu estava morta.

Em seguida vi-me em uma cama de aço em um quarto escuro no Centro Médico USC, em Los Angeles. Suspensa no ar, olhava para uma enfermeira que dizia: 'por que você teve de fazer uma coisa dessas, menina?' Então saí do quarto em Los Angeles e fui parar em Nova York, na casa de meus pais, onde vi minha família.

Eu não queria morrer, tampouco queria viver. Fui para um lugar escuro, iluminado apenas por um pequeno raio de luz. Era o mesmo lugar para onde tinha ido nas três vezes anteriores. Havia ali vultos de pessoas e ouvia-se uma harmoniosa música. Parecia ser um local intermediário, uma espécie de parada quando se deixa a vida na Terra para depois ir a algum lugar no Além.

As entidades me diziam que eu precisava voltar. A mensagem era esta: 'você tem um propósito na vida e lições para aprender nesta encarnação'. Alguém falava comigo, orientando-me para meu retorno à vida física. Falava-me para que eu encontrasse as respostas por mim mesma. A religião em que fui criada ensinava que quando você morre, dorme para sempre. Eu queria dormir para sempre para fugir da minha dor. Mas o que aprendi foi que se você cometer suicídio, ainda terá que voltar à Terra para aprender suas lições.

Aprendi que o inferno é a separação de Deus, e somos nós mesmos que criamos nosso próprio inferno. Depois dessa experiência, entrei em uma clínica de reabilitação e deixei as drogas. Eu tinha 24 anos quando isso aconteceu. Depois, passei sete anos trabalhando em uma clínica de reabilitação de adolescentes dependentes de drogas. A melhor parte da história foi que me casei com o diretor da clínica. E finalmente descobri que o amor é a resposta para todos os nossos problemas."(2)

Peça e obterá

Na hora do aperto, não há agnóstico ou ateu que não clame pela ajuda divina. E se for para o bem de Seu filho, Deus, em toda sua justiça e imparcialidade, dar-lhe-á o que Lhe é pedido. E uma dessas filhas foi Rochelle, que teve que sentir na alma o gosto amargo das trevas para renovar sua fé e redirecionar sua vida.

"Tentei suicidar-me duas vezes", contou ela. "A primeira foi por *overdose*, mas não tive EQM; precisei ficar internada durante um mês para me recuperar. Mas, na segunda vez, tive EQM. Estava muito deprimida e não conseguia parar de chorar. Tentava dormir para me livrar um pouco da angústia que sentia, mas nem isso conseguia.

Naquela época eu não acreditava na vida após a morte. Tampouco acreditava em diabo, inferno ou paraíso. Era agnóstica e achava que a morte poderia me livrar de meu sofrimento.

Um dia tranquei todas as portas e janelas de minha casa e vedei com fita adesiva todos os vãos e aberturas. Tinha em minha casa um aquecedor a gás antigo. Abri o gás e fui deitar-me, pegando no sono rapidamente.

De repente estava em um lugar onde a escuridão era total. Nem um ponto de luz, apenas um vácuo imenso e negro! Em minha mente, sabia que estava morta. Mas a dor continuava e todo meu sofrimento veio comigo. Então veio-me o pensamento: 'Meu Deus, vou ter de suportar isso por toda a eternidade!' Nesse momento senti algo tocar meu ombro e virei-me. À minha frente havia um gorila imenso. 'É o diabo!', concluí. Eu sabia que tinha morrido e estava no inferno, e que sofreria eternamente toda aquela dor e angústia. 'Não!' gritei a plenos pulmões. 'Meu Deus, ajude-me! Ajude-me, por favor!'

"E Deus tomou minha mão", continuou Rochelle. "Ouvi um estrondo e despertei. Haviam se passado três horas; a casa estava inundada pelo gás, mas eu nem náusea sentia. Era como se Deus me estivesse dizendo: 'Escuta aqui, garota! Agora chega dessas besteiras!' Descobri que a morte do corpo não extingue a vida. Deus me mostrou o inferno, no entanto, tirou-me de lá.

Gostaria que as pessoas que estão sofrendo de depressão, como eu estava, saibam que a morte não nos curará desse mal. Se vocês morrerem assim, levarão consigo a dor, pois seguirão vivas; portanto, a morte, além de não resolver nada, ainda vai piorar sua situação. Não queiram tirar sua própria vida. Vocês terão de resolver seus problemas aqui mesmo, e vocês conseguirão. Existe ajuda, busquem-na, e vocês serão ajudados."

Depois desse tremendo susto, Rochelle passou a acreditar na vida após a morte e em Deus; descobriu também que o Mestre Jesus é o caminho, a verdade e a vida, e seus ensinamentos passaram a ser a luz que ilumina e guia a sua renovada existência.(3)

O que somos aqui, seremos no Além

Assim como Rochelle, outras pessoas que tentaram o suicídio também descobriram que o que somos aqui, seremos no Além. Uma senhora, que queria se livrar da vida para fugir de seus problemas, teve uma EQM e imediatamente deu-se conta do erro cometido. "Se deixarmos esta vida com a alma atormentada, entraremos na outra com a alma atormentada".

Um senhor, cuja esposa falecera, tentou suicidar-se para reencontrá-la. Mas em vez de ir para onde ela estava, foi para um lugar horrível. Imediatamente, reconheceu a grande besteira que havia cometido, arrependeu-se enormemente e aprendeu a lição.

*

São muitas as ocasiões fascinantes que encontro nesse meu trabalho de comparação de achados científicos e fatos atuais com a Codificação Espírita. E o exemplo desse senhor é uma delas. Tivesse ele lido a resposta à pergunta 956 em *O Livro dos Espíritos*, evitaria dor e transtorno desnecessários: "Aqueles que, não podendo suportar a perda das pessoas queridas, se matam na esperança de reencontrá-las, atingem seu objetivo?" – indagou Kardec à espiritualidade.

A resposta que os espíritos deram à Kardec foi o que o senhor anteriormente mencionado sentiu na alma. "O resultado é completamente diferente do que esperam: em vez de se unirem às pessoas de sua afeição, afastam-se delas por mais tempo, porque Deus não pode recompensar um ato de covardia e o insulto que é feito ao duvidarem de Sua Providência. Eles pagarão esse instante de loucura com desgostos maiores que os que acreditam abreviar e não terão mais para recompensá-los a satisfação que esperavam".

Que felicidade teve esse homem em voltar à Terra!

✳

Como se viu nos relatos anteriores, a impressão que as pessoas que tentaram se suicidar têm, ao se verem nas trevas do Além, é que lá permanecerão sofrendo eternamente. E é essa impressão que as conduzem à mudança radical em suas vidas. Ao descobrirem a continuidade da vida após a morte, clamam pela misericórdia de Deus, e como ainda têm lições para aprender e trabalhos para executar na Terra, para cá retornam e modificam sua conduta na vida.

Nos depoimentos de pessoas que tiveram EQM durante tentativa de suicídio há um consenso geral: achavam que, ao se suicidarem, encontrariam paz para sua alma, mas descobriram que suas vidas no Além seriam piores do que na Terra. Assim, além de seguirem vivendo, viam exacerbados seus problemas, sendo obrigados a rever a todo instante as horríveis conseqüências de seu ato, sentindo em seu âmago a profunda angústia e a dor que sua impensada decisão causou aos seres queridos que deixariam na Terra – os pais, os cônjuges, os filhos, os irmãos etc. Lembra-se da história contada por George Ritchie (ver Cap. 2), em que ele vira um rapaz que cometeu suicídio e vivia constantemente junto ao pai pedindo perdão pelo erro cometido?

O que essas pessoas descobriram em suas recentes experiências, Allan Kardec, em *O Livro dos Espíritos* (questão 997), comentando os ensinamentos dos sábios espíritos já havia dito há 150 anos: "Não se deve esquecer que o Espírito, após a morte do corpo, não está subitamente transformado. Se sua vida foi reprovável, é porque foi imperfeito; portanto, a morte não o torna imediatamente perfeito. Pode persistir em seus erros, em suas falsas opiniões e preconceitos até que seja esclarecido pelo estudo, reflexão e sofrimento".

E o Espírito André Luiz, em seu livro *Nos domínios da mediunidade*, psicografado por Francisco Cândido Xavier, narra a própria experiência que viveu durante oito anos nas regiões umbralinas para onde foi atraído após seu desencarne, como ocorre com os espíritos ainda presos ao vício.

"Os Espíritos sofredores trazem consigo, individualmente, o estigma dos erros deliberados a que se entregaram. A doença, como resultante de desequilíbrio moral, sobrevive no perispírito, alimentada pelos pensamentos que a geraram, quando esses pensamentos persistem depois da morte do corpo físico. (...) A consciência é um núcleo de forças, em torno do qual gravitam os bens e os males gerados por ela mesma."(4)

Emmanuel, também pelas mãos do médium Francisco Cândido Xavier, mostra-nos um quadro ainda mais tenebroso. "A maioria dos desencarnados, nos seus primeiros dias da vida além do túmulo, não encontra senão os reflexos dos seus péssimos hábitos e de suas paixões, que, nos ambientes diversos de outra vida, os aborrecem e os deprimem. O corpo das suas impressões físicas prossegue perfeito, fazendo-lhes experimentar acerbas torturas e inenarráveis sofrimentos".(5)

O suicida após a morte

Aqui chamo a atenção do leitor para comparar os depoimentos do que as pessoas que tentaram o suicídio encontraram no outro lado da vida com o que escreveu Emmanuel em 1940, em seu livro *O Consolador*, psicografado por Francisco Cândido Xavier:

"Após a morte, a primeira decepção que os aguarda (os suicidas) é a realidade da vida que não se extingue com a morte do corpo físico, vida essa agravada por tormentos pavorosos, em virtude de uma decisão de suprema rebeldia. Suicidas há que continuam experimentando os padecimentos físicos da última hora terrestre, em seu corpo somático, indefinidamente. Anos a fio, sentem as impressões terríveis do tóxico que lhes aniquilou as energias: a perfuração do cérebro pelo corpo estranho partido da arma usada no gesto supremo, o peso das rodas pesadas sob as quais se atiraram na ânsia de desertar da vida, a passagem das águas silenciosas e tristes sobre os seus despojos, onde procuraram o olvido criminoso de suas tarefas no mundo e, comumente, a pior emoção do suicida é a de acompanhar, minuto a minuto, o processo da decomposição do corpo abandonado no seio da terra, verminado e apodrecido. De todos os desvios da vida humana o suicídio é, talvez, o maior deles pela sua característica de falso heroísmo, de negação absoluta da lei do amor e de suprema rebeldia à vontade de Deus, cuja justiça nunca se fez sentir, junto dos homens, sem a luz da misericórdia."

*

Os exemplos que dei aqui são, sem dúvida, uma ínfima amostra do triste episódio que é o suicídio. Como se viu, graças à benevolência divina, algumas pessoas não conseguem realizar seu intento, mas o número das que o conseguem é estarrecedor.

Em dados recentes (outubro, 2007) da Organização Mundial da Saúde, cerca de três mil pessoas cometem suicídio por dia no mundo, um milhão e noventa e cinco pessoas por ano! Isso sem contar acidentes automobilísticos, afogamentos e outros acidentes que poderiam ser suicídios, mas que não há como determinar se foram ou não. Quanto às tentativas de suicídios, segundo dados da Academia Americana de Psiquiatria da Infância e Adolescência, um em cada dez adolescentes americanos pensa em cometer suicídio, e quase meio milhão de jovens tentam tirar a própria vida a cada ano – apenas nos Estados Unidos!

Nossa vida a Deus pertence

"O homem tem o direito de dispor de sua própria vida?" indagou Kardec, na questão 944, de *O Livro dos Espíritos.*

"Não, apenas Deus tem esse direito" responderam eles. "O suicídio voluntário é uma transgressão dessa lei."

"O que pensar do suicídio que tem por objetivo escapar às misérias e às decepções deste mundo?" – prosseguiu Kardec, na pergunta 946.

"Pobres Espíritos", responderam eles, "que não têm coragem de suportar as misérias da existência! Deus ajuda aqueles que sofrem, e não aos que não têm força nem coragem. As aflições da vida são provas ou expiações; felizes aqueles que as suportam sem queixas, porque serão recompensados! Infelizes, ao contrário, os que esperam sua salvação do que, na incredulidade deles, chamam de acaso ou sorte! O acaso ou a sorte, para me servir da vossa linguagem, podem, de fato, favorecê-los transitoriamente, mas é para fazê-los sentir mais tarde e mais cruelmente o vazio dessas palavras.

"Aqueles que conduziram um infeliz a esse ato de desespero sofrerão as conseqüências disso?" "– Como são infelizes! Pois responderão por homicídio." (questão 946a) dez

Overdose, uma viagem infernal

SADIRA ESTAVA MUITO DEPRIMIDA E QUERIA MORRER PARA LIVRAR-SE de sua angústia. Drogou-se até chegar aos portais trevosos do Além. Saindo do corpo, começou a ver criaturas horrorosas. Sombras negras horríveis a agarravam. Ouvia gritos e gemidos que jamais ouvira na Terra. Estava mergulhada em medonha escuridão.

Ela não sabia de onde vinham aqueles gritos e gemidos, mas de repente as criaturas, seres humanos desfigurados, todos com aparência anoréxica, fizeram-se visíveis. Seus dentes eram horríveis e tortos e os olhos, esbugalhados. As criaturas não tinham cabelos nem roupas, estavam todas nuas. Dezenas delas a cercavam, agarravam-lhe os braços e puxavam-lhe os cabelos, gritavam e gemiam, emitiam sons alucinantes.

Sadira sentia o hálito fétido dessas criaturas sobre seu corpo, sentia também que elas estavam molhadas e seu odor era terrível, pútrido, mais malcheiroso do que o de ratos mortos. Tudo era muito vívido! Sadira sentia que estava sendo julgada, e essa era a sua punição. Aquelas criaturas estavam lá para puni-la, mas não fisicamente, pois ela não sentia dor. Tudo era terrível, apavorante.

Quando Sadira recuperou os sentidos, estava aterrorizada. Mas a luz da verdade havia brilhado em sua alma. Descobrira que o suicídio não era a solução para seus problemas. Era uma opção equivocada, um ato contrário ao desejo de Deus. Sadira, que até então era atéia, passou a acreditar intensamente em Deus, pois descobriu que não há justificativa para o suicídio.(1)

Sadira esteve no inferno, e decidiu que não voltaria para lá novamente!

Nada escapa à consciência

O coração de Anita parou de bater, sua respiração cessou. Tinha tomado uma *overdose* de drogas. Seu namorado a encontrou inconsciente e chamou a equipe de resgate, que a socorreu a tempo. Mas seu estado era tão grave que precisou passar duas semanas na UTI, conectada a um respirador. Quando se recuperou o suficiente para poder falar, contou o que se passou consigo durante o período em que esteve inconsciente.

"A primeira coisa de que me lembro é a sensação de estar amarrada e não conseguir mover-me. E não havia razão nenhuma para eu não conseguir me mover. Eu não suporto a sensação de estar amarrada. Consegui me soltar, e sei que vai soar estranho, mas havia pessoas de uniformes brancos andando a meu redor.

Parecia que eu estava no convés de um navio de cruzeiro. Eu estava tentando sair dali, até que finalmente consegui, mas era como se estivesse saindo do meu próprio corpo. Estava em um quarto pequeno e branco. Não havia nada além de uma cama e uma cadeira. Eu estava olhando para mim mesma, deitada na cama e minha aparência era horrível.

Saí do corpo, pela parte superior, e corri por um corredor. E dei de cara com meu avô! Meu avô tinha morrido no ano anterior. Eu disse a ele que queria ir embora daquele lugar, mas ele não me deixava. Como de costume, ele estava de mau humor. Era um homem muito teimoso. Ele me disse: 'Que diabos você está pensando? Você não vai a lugar nenhum. Volte já para seu quarto, garota!'

Achei tudo muito estranho. Ele usava uma túnica branca que nunca o vi usar antes, trazia uma camisa cinza-azulada por baixo e estava descalço. E estava bloqueando a entrada de um lugar no qual eu queria entrar; mas ele não me deixava passar. O lugar onde eu estava era frio e escuro, e eu sabia que do outro lado era ensolarado, dava até para ver o céu. Eu sabia que ali havia uma praia.

Havia um homem, parecido com Jesus Cristo, ao lado do meu avô. Ele tinha cabelos longos, barba e bigode. Sua roupa era simples e calçava sandálias. Eu não me opus a ele de jeito nenhum, mas sabia que ele estava bravo comigo; sua expressão era igual à de meu avô, bastante reprovadora. Eles não me deixariam passar para o outro lado.

Nesse momento eu vi tudo o que havia feito de errado em minha vida. Parecia um julgamento. Era tudo muito estranho. Vi coisas que tinham acontecido anos e anos atrás, já nem me lembrava mais delas. Era como se estivessem me julgando. Cada mentirinha que eu havia dito, coisas pequenas e insignificantes que eu havia feito, emergiram à superfície da minha consciência. Era como se todas as coisas maldosas que você faz a alguém, com intenção ou não de magoar a pessoa, estivessem ali.

Sabe, às vezes você, conscientemente, não deseja magoar alguém, mas mesmo assim acaba magoando. Era como se eu visse, de uma só vez, todas as maldades que havia feito até aquele momento em minha vida. Honestamente, sentia que já estava no inferno. Sentia como se estivesse sendo julgada por absolutamente cada coisa que havia feito. Todas as pessoas sabem diferenciar o certo do errado, isso sempre esteve claro em minha mente, mas acho que, mesmo assim, elas acabam contando algumas mentirinhas. Aparentemente, tais mentirinhas pareciam não fazer mal a ninguém, mas, a longo prazo, você mesmo acaba sendo prejudicado por contá-las.

Depois que vi tudo o que havia feito em minha vida, meu avô disse que eu tinha que voltar, e eu sabia que tinha mesmo e, quando meu avô falava, estava falado. Eu me lembrava dos tempos em que era criança, como meu avô ficaria bravo se eu lhe desobedecesse. Mas eu sempre confiei nele. Ele era um homem muito bom, mesmo sendo bravo. Então voltei para meu quarto. Sentia-me muito sozinha. Fiquei ali esperando,

esperando. Parecia uma eternidade. De repente comecei a me sentir amarrada novamente e, quando me dei conta, estava de volta a meu corpo.

Hoje sei que estou na Terra por um propósito. Ainda não sei bem o que é, mas essa experiência me deu um pontapé no traseiro, para eu me mexer e descobrir a razão pela qual vim a este belo planeta. Eu devo ser honesta agora: devo confessar que estava procurando a saída mais fácil. Estava tentando desistir da vida. Mas já não penso mais assim, sei que sou uma guerreira e não vou desistir tão facilmente."(2)

De onde vem o desgosto da vida?

Allan Kardec fez essa indagação na questão 943, em *O Livro dos Espíritos*, e teve como resposta:

"Efeito da ociosidade, da falta de fé e freqüentemente da satisfação plena de seus apetites e vontades, do tédio. Para aquele que exerce suas atividades com um objetivo útil e *de acordo com suas aptidões naturais*, o trabalho não tem nada de árido, e a vida escoa mais rapidamente. Suporta as contingências da vida com mais paciência e resignação quanto age tendo em vista uma felicidade mais sólida e mais durável que o espera."

E poderia a religiosidade ou espiritualidade ajudar o ser humano a reencontrar sua fé e esta ajudá-lo a distanciar-se das drogas e do álcool aos quais se entrega para tentar fugir das vicissitudes da vida? Sem dúvida nenhuma que poderia – e o faz! Isso está cientificamente comprovado.

As idades mais vulneráveis ao uso dessas perniciosas e viciogênicas substâncias são a pré-adolescência e a adolescência. O instituto americano que pesquisa abuso de drogas nas famílias, *The National Household Survey on Drug Abuse*, estima que dois terços dos novos usuários de maconha são jovens de 12 a 17 anos.

Com essa informação, em 2003, o doutor Thomas Wills, professor e pesquisador do Colégio de Medicina Albert Einstein, liderou um estudo com 1.182 alunos, de ambos os sexos, de várias descendências, da sétima à décima série em várias escolas públicas da área metropolitana de Nova York, em quatro ocasiões distintas. O estudo mostrou que os adolescentes que participavam de alguma religião mostraram menor propensão ao uso de drogas, de álcool e de cigarros, quando comparados com os alunos que não davam importância à religião ou espiritualidade.(3)

A pesquisa do doutor Wills é apenas uma entre as quase 500 outras pesquisas que mostraram o efeito positivo da espiritualidade e religiosidade na vida do ser humano. Tão positivos são os resultados que o atual governo norte-americano adotou um programa de alocação de verbas para instituições religiosas empenharem-se em trazer adolescentes para suas igrejas com o objetivo de combater e prevenir o uso de drogas por eles em suas comunidades, algo inédito em um sistema político, cuja separação entre o Estado e a Igreja está na primeira emenda da própria constituição.(4)

E se a pessoa, por alguma razão, perder sua fé e deixar sua religião? Poderia ela perder também seu gosto pela vida e tomar a direção contrária, recorrendo à bebida ou às drogas na tentativa de preencher o vazio que a falta de fé poderia cavar em sua alma?

Igualmente, tudo indica que sim. Pelo menos entre a mulheres. Em estudo realizado em 2007 e conduzido por pesquisadores da universidade americana de Temple, na Filadélfia, dos 718 adultos analisados, 21 por cento das mulheres que deixaram de freqüentar a igreja apresentaram sintomas de ansiedade, depressão e uso excessivo de bebidas alcoólicas três vezes maior do que as que iam à igreja.(5)

Espiritismo – antídoto ao desgosto da vida

"O Espiritismo", escreveu Kardec na conclusão de *O Livro dos Espíritos*, "faz ver as coisas de tão alto que a vida terrestre passa a ter a sua verdadeira importância e o homem não se aflige tanto com os tormentos que o acompanham: daí, quanto mais coragem nas aflições, mais moderação nos desejos; daí também o afastamento do pensamento de abreviar seus dias, porque a ciência espírita ensina que, pelo suicídio, perde-se sempre o que se queria ganhar."

E Santo Agostinho dá-nos uma receita ainda mais específica para sanar os desgostos passageiros a que todos somos suscetíveis enquanto tivermos que reencarnar na Terra.

"Que remédio receitar aos que são atacados por obsessões cruéis e males dolorosos?", indaga-se retoricamente o grande sábio. "Um só é infalível: a fé, o apelo ao Céu. Se, no extremo dos vossos mais cruéis sofrimentos, vossa voz canta ao Senhor, o anjo à vossa cabeceira, com sua mão, vos mostrará o sinal da salvação e o lugar que vós devereis ocupar um dia. A fé é o remédio certo para o sofrimento; ela sempre mostra os horizontes do infinito diante dos quais se apagam os poucos dias sombrios do presente. Não pergunteis qual remédio é preciso empregar para curar tal úlcera ou tal chaga, tal tentação ou tal prova. Lembrai-vos de que aquele que crê é forte pela certeza da fé e que aquele que duvida um segundo de sua eficiência é punido na hora, pois experimenta no mesmo instante as angústias dolorosas da aflição. O Senhor marcou com seu selo todos aqueles que crêem nEle. Cristo vos disse que com a fé removem-se montanhas. Eu vos digo que aquele que sofre e que tem a fé como base será colocado sob sua proteção e não sofrerá mais. Os momentos de maior dor serão para ele as primeiras notas da alegria da eternidade. Sua alma se desprenderá de tal modo do seu corpo que, enquanto este estiver morrendo, ela planará nas regiões celestes, cantando com os anjos os hinos de reconhecimento e de glória ao Senhor. Felizes os que sofrem e os que choram! Que suas almas se alegrem, pois serão abençoadas por Deus."(6)

onze

Crianças próximas da morte

– Olá, Katie, como vai você? – Estendendo a mão à loirinha de nove anos de idade, o médico apresentou-se: – Eu sou o doutor Morse. Como você está se sentindo?

Antes de responder, Katie voltou-se para a mãe que a trouxera à consulta de retorno ao jovem pediatra e disse-lhe:

– Esse é aquele de barba que entrou depois. Primeiro foi o médico alto que não tinha barba, e depois ele entrou.

Apenas isso seria o suficiente para deixar o doutor Melvin Morse estarrecido, mas Katie falaria mais.

– Primeiro eu estava em uma sala grande, depois me levaram para uma menor, e lá tiraram raios X. Depois enfiaram um tubo no meu nariz...

Katie descreveu corretamente e com todos os detalhes o que havia "visto" naqueles três dias, num hospital da cidadezinha de Pocatello, no Estado norte-americano de Idaho, onde estivera em coma profundo desde o momento em que fora resgatada "sem vida" de uma piscina pública!

E o que deixava Melvin Morse ainda mais estarrecido é que ele fora chamado para trabalhar na reanimação de Katie assim que a trouxeram ao hospital, já em coma, e tanto ele como outros médicos não acreditavam que a menina sobreviveria.

Portanto, como poderia a menina ter visto tudo o que descrevera, corretamente, se estava profundamente inconsciente? Se nem sequer era capaz de respirar por si própria, pois eram aparelhos que faziam isso por ela.

Enquanto Katie falava, Morse revolvia sua memória em busca de algo semelhante na vasta literatura médica que havia estudado. Mas não havia absolutamente nada!

– Você se lembra de alguma coisa quando estava na piscina?

O doutor Morse não esperava ouvir o que ela respondeu.

– O senhor quer dizer quando visitei Papai do Céu? – perguntou Katie, acanhada.

Com grande esforço para não demonstrar o choque, e agora curioso para ouvir o que mais tinha a dizer, o médico retrucou:

– É um bom começo. Conte-me como foi seu encontro com Papai do Céu.

– Encontrei-me com Jesus e com Papai do Céu[7].

E isso foi tudo que Katie falou sobre o assunto naquele dia.

7. Embora haja muitos casos de EQM em que a pessoa identifica o ser espiritual que encontra como sendo Deus ou Jesus, a grande maioria refere-se a ele como sendo um ser de luz. (N.A.)

Mas na visita seguinte, uma semana depois, o doutor Morse incentivou a menina a continuar sua fantástica história. "E o que ela contou", confessou o pediatra, "mudou minha vida".

Katie nada se lembrava do seu afogamento. Sua primeira lembrança foi de estar no escuro e não conseguir se mover. Então um túnel abriu-se à sua frente e, através dele, "Elizabeth" veio em sua direção. A menina disse que Elizabeth era um anjo "alto" e "muito legal", com cabelos dourados, que a acompanhara e a levara a ver seu avô (desencarnado) e muitas outras pessoas, inclusive dois meninos prestes a reencarnar, Andy e Mark, que brincaram com ela e a apresentaram a muita gente (espíritos).

Em uma ocasião, Elizabeth trouxe Katie para rever sua família. Andando pela casa livremente, a menina, cujo corpo estava em coma no hospital, viu seus irmãos e irmãs brincando em seus quartos. Um irmão brincava com um boneco e com um jipe. Uma irmã penteava os cabelos de uma boneca e cantarolava uma música de rock que estava nas paradas de sucesso.

Flutuando até a cozinha, Katie viu a mãe cozinhando arroz e assando um frango. Olhando a sala de estar, viu o pai em silêncio, triste e pensativo, sentado no sofá; e presumira que ele estava preocupado com ela no hospital.

Após sua recuperação, Katie falou dessa visita à sua família, indicando a posição dos irmãos, irmãs, pai e mãe assim como as atividades de cada um, e todos os detalhes estavam corretos.

Deixando a casa, Elizabeth a levou para ver "Papai do Céu" e Jesus. E Papai do Céu perguntou se ela queria voltar para casa. Katie começou a chorar, pois queria ficar com Ele. Então Jesus lhe perguntou se ela queria ver sua mãe novamente.

– Quero – respondeu. E com isso despertou do coma.(1)

Quando o doutor Morse perguntou a Katie o que ela achou do "Céu" a menina respondeu:

– O senhor vai ver, o céu é muito divertido!

Em 1982, quando ocorreu essa experiência, Melvin Morse fazia sua residência médica em uma clínica na cidade de Pocatello, no Estado norte-americano de Idaho. E o jovem médico não perdeu a oportunidade de pôr seu nome na literatura pediátrica. Escreveu e publicou um artigo sobre o caso da menina no Jornal de Pediatria da Associação Médica Americana, esclarecendo aquele caso estranho e fascinante.

Ao que o doutor Raymond Moody denominou de *experiência de quase-morte* – a saída do corpo, a visão e o relato corretos que Katie dera enquanto estava inconsciente, até os detalhes corroborados por sua família quando da visita, fora do corpo, em sua casa, a visão de entes queridos desencarnados etc., Morse deu um nome mais sofisticado – *fascinoma.* Soa como uma doença, não soa? Na realidade, *fascinoma*, conforme definição do dicionário médico *Webster's New World*, é um termo médico para explicar um caso fascinante, que normalmente é associado a uma doença rara.

Não é necessário dizer que Morse era cético quanto à possibilidade da sobrevivência do espírito após a morte física. E agora veja como realmente tudo se encadeia na natureza.

Certa noite, Morse viu a doutora Elisabeth Kubler-Ross em um programa de televisão. Kubler-Ross foi uma psiquiatra que nos anos 1960 revolucionou o atendimento médico hospitalar a pacientes terminais. Ela presenciou milhares de desencarnes e ouviu milhares de relatos de EQMs em suas mais de quatro décadas de trabalho com pacientes terminais.

Nesse programa televisivo, a doutora Kubler-Ross tentava amainar as dores de uma mãe cuja filhinha havia desencarnado recentemente. Baseada nos relatos consistentes que ouvira de seus pacientes, ela descrevia a essa mãe o que a filhinha havia sentido na hora de seu desencarne. "Sua filhinha deixou o corpo físico flutuando; ela não sentiu nenhuma dor, e dirigiu-se para um lugar celestial".

"Balela!" – exclamou Morse do outro lado do vídeo. "Como pode uma psiquiatra profissional dizer tais tolices publicamente?"(2)

E foi nesse instante que o doutor Morse prometera provar que a doutora Kubler-Ross estava redondamente equivocada.

Transferido ao Hospital da Criança de Seattle, no Estado norte-americano de Washington, com a ajuda de colegas, Morse desenhou e implementou um meticuloso estudo com crianças para refutar a validade das experiências de quase-morte. Ele identificou 26 crianças que estiveram à beira da morte e tomou seus depoimentos referentes a essas experiências. Para refutar a validade da EQM, entrevistou 131 crianças que estavam gravemente doentes, internadas na UTI do hospital, que respiravam com ajuda de aparelhos e que eram tratadas com drogas – morfina e anestésicos – cujos cérebros não recebiam quantidade suficiente de oxigênio, mas que não haviam sofrido parada cardíaca e nem perdido a consciência, ou seja, apesar de seu quadro crítico, não haviam vivenciado a iminência da morte.

Note o leitor que, pelas características do grupo de controle, ou seja, as 131 crianças que não estiveram à beira da morte, que haviam sido dopadas, cujos cérebros não recebiam suficiente quantidade de oxigênio, o médico estava em busca de casos que poderiam ser atribuídos à alucinação. Ele estava certo de que pelo menos uma dessas crianças haveria de dizer que havia tido experiência semelhante à da pequena Katie, ou seja, de que estivera fora do corpo, que viajara por um túnel, que vira algum anjo ou parente falecido.

Com os depoimentos documentados, agora era só comparar os dois grupos, os que estiveram próximos da morte com os que não estiveram e provar a falsidade de toda aquela balela que Kubler-Ross havia dito àquela mãe – assim imaginou Morse.

Mas não foi o que aconteceu para a surpresa do médico.

Vinte e três das vinte e seis crianças (88 por cento) que estiveram nas garras da morte tiveram as ditas experiências. E quantas das 131 crianças sob o efeito de dor, drogas, falta de oxigênio etc. tiveram tais "alucinações"? Nenhuma delas!

E foi esse resultado que levou Melvin Morse a admitir a veracidade das experiências de quase-morte e tornar-se o maior pesquisador de EQM em crianças. Seu livro, *Closer to the light*, publicado em 1990, escrito em parceria com Paul Perry, é um clássico sobre o tema.

A mulher que flutuava

"Meu filho Andrew, de três anos e meio de idade, foi hospitalizado devido a um problema no coração e teve que ser submetido a uma cirurgia", relatou uma mãe da Inglaterra ao doutor Sam Parnia, um dos mais jovens e atuantes pesquisadores de EQM da atualidade. "Duas semanas após a cirurgia, ele começou a me perguntar quando iria voltar àquele lugar ensolarado com todas aquelas flores e animais.

– Assim que você melhorar nós poderemos ir ao parque – respondi.

– Não, não é o parque; é aquele lugar ensolarado aonde fui com aquela senhora.

– Que senhora? – perguntei.

– Aquela senhora que flutua – respondeu.

– Eu disse que não sabia do que ele estava falando e que talvez houvesse me esquecido onde ficava esse tal de lugar ensolarado.

– Não foi você que me levou lá. Foi aquela senhora, ela veio e me pegou pela mão, e nós flutuamos. Você estava do lado de fora, foi quando eles estavam consertando meu coração. Eu estava bem. Aquela senhora veio e tomou conta de mim; ela me ama. Era tudo muito brilhante e colorido naquele lugar, mas eu queria voltar para ficar com você, mamãe.

Então, perguntei:

– Quando você voltou, você estava acordado, dormindo ou sonhando?

– Acordado, mas estava lá em cima no teto, e quando olhei para baixo eu estava deitado na cama com os braços do lado, e os médicos estavam fazendo não sei o que no meu peito. Era tudo muito brilhante, daí eu flutuei para baixo.

Mais ou menos um ano mais tarde, estávamos assistindo ao programa *Children's Hospital* (Hospital da criança) na TV, e uma criança estava sendo operada do coração. Andrew ficou superempolgado e disse:

– Eles me colocaram aquela máquina!

– Acho que não colocaram, não – respondi.

– Colocaram, sim!

– Mas você estava dormindo quando foi operado; portanto, não poderia tê-la visto – contestei.

– Eu sei que eu estava dormindo, mas eu via quando olhava para baixo.

– Mas se você estava dormindo, como poderia estar olhando para baixo? – contestei novamente.

– Mas eu já te falei que eu flutuei para o teto com aquela senhora...

Certo dia mostrei a Andrew uma foto de minha falecida mãe, e ele a reconheceu.

– Essa é a mulher que flutua – ele disse."(3)

A história horrível de Laura e os anjos que a socorreram

Aos três anos e meio de idade, Laura foi estuprada, sodomizada e surrada, no meio da noite, pelo pai bêbado. Quando a dor física e emocional se tornou insuportável, a pequena Laura gritou socorro a Deus, e no mesmo instante sentiu que saía de seu corpinho.

Contou ela quando já adulta:

"Quando estava morrendo fui levada para cima por anjos em túnicas multicoloridas. Não sabia para onde me levavam, mas voávamos cada vez mais alto nos céus. Finalmente chegamos a um lugar cheio de anjos que, em lugar de andar, flutuavam no ar. Os anjos me carregaram aos pés de uma mulher-anjo, muito linda; ela irradiava um sentimento de amor mais poderoso do que todos os outros que ali estavam. Em um tom de voz cuja doçura é desconhecida na Terra, disse-me: 'conte-me sua história, menina.'

Eu disse a ela, não em palavras faladas, mas em pensamento: 'vou contar, mas antes preciso descansar'.

Naquele momento não havia energia em meu espírito para responder àquela tão amável senhora. Deus, na forma de uma luz infinita, apareceu a uma distância à minha esquerda, e fui envolvida em uma poderosa energia de amor e avigoramento. Aquele ser divino apareceu em forma de uma coluna de luz, dourada e maciça, com a silhueta de um ser humano dentro. Eu vi e senti sua luz; a sensação que tinha era de que eu tomava um banho quente, e que era protegida e curada ao mesmo tempo. Eu não queria sair de lá. Não houve diálogo entre nós, mas, naqueles momentos infinitos, tive o conhecimento de que deveria retornar à Terra para completar minha vida.

Em seguida, os anjos do céu e os médicos da Terra batalhavam para salvar minha vida. Cada vez que os médicos golpeavam meu peito, em espírito entrava no corpo e, um segundo depois, voltava para os anjos. Eles seguravam meus pés para impedir que eu retornasse. Finalmente, quando os médicos golpearam meu peito pela última vez, eu ouvi um anjo falar: 'eles são mais fortes do que nós' e eu fui sugada de volta ao corpo, sentei-me, soltei um grito e desmaiei".(4)

As lições que Laura aprendeu

"Aprendi a viver com aquele criminoso durante os quinze anos seguintes, tentando aprender o máximo que podia e descartando o resto. Aprendi que os mais importantes fenômenos no universo são o amor, a verdade e a busca do conhecimento. Recebi a clara impressão de meu propósito na vida e como alcançá-lo. Foi-me dado o dom de prever eventos antes de ocorrerem e de visualizar imagens e formas, fazendo-as tornar realidade. Aprendi que quando somos feridos podemos nos curar, no entanto, isso não significa que não seremos feridos novamente de alguma outra maneira. Mas, sobretudo, adquiri um amor profundo pela morte e um desejo ardente de estar novamente na presença de Deus, desejo este que me acompanha a cada instante de minha vida. E é essa certeza de que Deus está sempre comigo que me ajuda a continuar vivendo na Terra."(5)

O que as crianças aprendem com a EQM

O doutor Morse acompanhou por vários anos o desenvolvimento físico e mental das crianças que passaram por EQM que participaram de seus estudos. Uma das características marcantes que ele encontrou nessas crianças foi a acentuação do sentimento de empatia. Esse sentimento é definido como sendo a tendência de uma pessoa identificar-se ou sentir o que sentiria se passasse por situações experimentadas por outra pessoa. Isto é, a capacidade de sentir a dor e o sofrimento alheio como se fossem seus. E foi esse sentimento de empatia que levou o Buda Siddhartha Gautama, o mestre Jesus Cristo, São Francisco de Assis, Mahatma Gandhi, Madre Teresa de Calcutá e outras legiões de espíritos iluminados, que permanecem no anonimato, a dedicar suas vidas para diminuir o sofrimento humano.

Muitas dessas crianças, assim como ocorre com adultos que passam por EQM, dedicam tempo – se não integral, pelo menos parcial e, se não como profissão, na condição de voluntário – em trabalhos de caridade que visam promover o bem-estar, seja a indivíduos ou a sua comunidade.

Morse percebeu também que essas crianças crescem mais espiritualizadas e são mais equilibradas física e mentalmente. Seus hábitos alimentares são mais saudáveis, mostram-se mais maduras e vão melhor na escola quando comparadas aos colegas da mesma idade que não passaram por EQM.

Assim como ocorre com tantos adultos que passam por EQM, muitas crianças vêem aflorar sua visão psíquica ou mediúnica. Katie, por exemplo, o primeiro e fascinante caso que Morse encontrou em sua carreira médica é, segundo ele, capaz de ver a aura (campo bioenergético) de outras pessoas. Muitas crianças que participaram do estudo do pediatra disseram ser capazes de ver e conversar com desencarnados.

Outra peculiaridade que Morse encontrou foi que essas crianças crescem conscientizadas da conexão universal que há em todas as coisas (consciência cósmica) e que outras crianças (e uma grande imensidão de adultos!) nem sequer suspeitam que exista. Elas se dão conta de que têm um propósito na vida e sabem que a morte não é o fim de tudo. Confiam em sua intuição e sentem que poderão, novamente, conectar-se com a presença divina que as recebeu e as guiou no mundo espiritual durante a EQM.

"Se você viu a luz do outro lado da vida uma vez", disse uma delas ao doutor Morse, "você pode vê-la novamente se tentar. Ela está sempre com você."(6)

Aprendendo no Além – a fascinante experiência de Lynn

Lynn tinha 11 anos quando se afogou. Saindo do corpo, chegou aos portais do Além e voltou para contar sua história.

"Eu e meu irmão estávamos nadando e ele teve um problema. Tentei tirá-lo da água, mas em pânico ele me puxou para baixo várias vezes. Nós dois nos afogamos; ele morreu, mas eu retornei. Eu me lembro disso como se fosse ontem. Quando eu já não conseguia mais ficar na superfície, começou um som estranho em meus ouvidos, como o tocar de uma campainha. Uma sensação de paz tomou conta de mim. Senti meu espírito sair do corpo e fui para um vazio negro. Tive um pouco de medo.

Ao longe eu vi um minúsculo ponto de luz. Comecei a mover-me em direção a ele; no início ia devagar, mas depois comecei a ir cada vez mais rápido, como se tivesse em cima de um trem que ganhava velocidade. De repente parei e penetrei na luz. Eu via tudo – céu, edifícios, vidraças. Tudo emitia sua própria luz e era mais colorido do que se vê na Terra. Um rio serpenteava o lugar. Do outro lado tinha uma cidade, e uma estrada juntava esta a outra cidade, e outra a outra cidade, e a outra, e assim sucessivamente.

Bem à minha frente, do outro lado do rio, havia três homens. Eles se projetaram em minha direção. Não caminharam nem voaram, mas se projetaram. Eu não os reconheci, mas sabia que um deles era o Lynn Bibb (meu nome foi-me dado em sua homenagem. Ele morreu algumas semanas antes de eu nascer). Eu sabia que esses três homens estavam me protegendo, como se fossem de um comitê de recepção para ajudar-me a cruzar o rio e levar-me à primeira cidade. Eu tinha a sensação de que se fosse com eles, se cruzasse o rio eu não voltaria, então hesitava.

A primeira cidade era como se fosse a primeira série escolar. As pessoas ficavam lá até que estivessem prontas para irem para a próxima, de cidade a cidade, em uma eterna progressão. Atrás de mim e do lado esquerdo havia um fonte de luz muito forte, cheia de amor. Eu sabia que era uma pessoa. Eu a chamei de Deus, por não saber como chamá-la. Eu não conseguia vê-la, mas sentia a presença de um homem. Ele me falava por telepatia e perguntou:

– *Por que você hesitou?*

– Bem, eu sou um pouco nova para morrer – respondi.

Ele deu uma risadinha.

– *Até bebês morrem* – ele disse.

– Bem, tem algumas coisas que gostaria de saber antes – eu disse.

– *O que você quer saber?*

– O que é a morte? – perguntei.

– *Vire-se e olhe para algum lado.*

Virei e vi um acidente de automóvel horrível. Várias pessoas haviam morrido. Alguns espíritos saíam de seus corpos para continuarem seu progresso. Alguns que não acreditavam que isso era possível ficavam em seus corpos e não saíam de lá.

Perguntei se seria possível sensibilizá-los, isto é, fazer com que percebessem que haviam morrido, e ele disse:

– *Sim, com alguns isso é possível mais rápido que com outros, mas há aqueles com quem isso nunca é possível.* – Ele disse: – *A morte é não crer em nada.*

– O que é o inferno? – perguntei.

– *Vire-se e olhe novamente.*

Virei-me e vi uma senhora idosa em uma cadeira de balanço; tudo o que fazia era ficar ali sentada, balançando-se e preocupando-se com seus filhos e netos e tudo o mais.

– *O inferno é a falta de sabedoria e de progresso; é a escolha de não querer avançar; mas de apenas sentar e não fazer nada. O inferno não é um lugar.*

Perguntei se o diabo existia.

– *Será que Deus permitiria isso?* – Ele continuou: – *Se eu te fizesse Deus por apenas alguns segundos, qual a primeira coisa que você faria?*

Eu sabia que a primeira coisa que faria seria eliminar qualquer diabo que pudesse existir.

– Como faço para distinguir o certo do errado? – perguntei.

– *O certo é ajudar e ser bondoso. O errado não é apenas machucar outras pessoas mas também não ajudar quando você puder* – replicou.

Perguntei sobre o universo e as razões das coisas. E tudo isso me foi mostrado. Ele me perguntou se eu queria voltar à Terra.

– Sim, quero – respondi.

– Por quê?

Eu disse que precisava ajudar minha mãe, que meu pai a havia abandonado com quatro crianças, e outra estava a caminho. Ele quase riu e me perguntou qual a verdadeira razão de querer voltar.

Eu disse que queria deixar a Terra um pouquinho melhor do que quando a encontrei.

– Então você voltará com um pouco de conhecimento das coisas que aprendeu, mas o restante lhe será obscurecido por um tempo. Viva de maneira tal que você não precisará mais retornar à Terra quando voltar para cá novamente.

Despertei com o rosto enfiado na lama no fundo do rio e fui 'lançada' para a superfície. Vomitei uma grande quantidade de água, saí e encontrei meu irmão morto."(7)

Quando não é hora de partir

Acometida por um surto violento de sarampo, a menina de seis anos quase desencarna. De volta à vida, conta a não muito agradável experiência que teve ao cruzar os portais do Além.

"De repente vi chegar uma senhora. Ela trajava uma túnica longa, verde e esvoaçante, de estilo medieval. Tomou-me nos braços, mesmo contra a minha vontade, e levou-me através de um longo túnel de paredes sujas e emboloradas. Viajamos muito rapidamente para um lugar aonde eu não queria ir. Ela falava em minha mente, tentando explicar que havia chegado minha hora de ir e que não havia nada que eu pudesse fazer para impedi-lo, não importando quanto eu queria permanecer na Terra. Acho que era essa a razão pela qual ela me carregava, pois se eu estivesse só, sairia correndo de volta pelo túnel.

De repente ouvi sinos tocando, bem longe, muito longe. E a mulher parou de repente, ouvindo com atenção. Então me disse que havia tido uma mudança de planos, que me foi permitido retornar. Ela não demonstrava compaixão nenhuma para comigo, sua postura era firme e formal. Em seguida, carregou-me de volta pelo túnel, ajudou-me a deitar na minha cama e partiu. Chamei-a, mas ela desapareceu no túnel. Assim que despertei, contei para minha mãe o que acontecera comigo, e ela ficou aterrorizada, devido à minha saúde frágil. E eu também nunca havia sentido tanto medo em minha vida."(8)

Quando é hora de partir

A maior certeza que o ser humano pode ter na vida é que um dia seu corpo morrerá. Mas conviver com esta realidade não é tão fácil assim. Se já é difícil aceitar a morte de adultos, quanto mais a de crianças que apenas despertaram para a vida. Os pais de uma criança em estado terminal, por exemplo, que desejam a permanência de seu filhinho na Terra, ainda que ela esteja sofrendo e em espírito deseja partir, podem estar fazendo-lhe mais mal do que bem. E orar para que tenha um desencarne sereno e siga seu caminho no mundo espiritual pode ser mais benéfico para ela do que orar para que fique. E às vezes o espírito tem que usar de recursos inusitados para fazer a mensagem chegar aos pais para que aceitem a morte da criança e a deixem ir.

Em seu livro *Closer to the light* (Transformados pela luz), Melvin Morse relata o caso de um garoto de cinco anos de idade que estava em coma, morrendo em decorrência de um tumor maligno no cérebro. O garoto estivera em coma por três semanas, e durante todo o tempo seus familiares circundavam seu leito e oravam sem cessar para sua recuperação.

No final da terceira semana o pastor da igreja da família foi ao quarto do menino e contou uma história extraordinária a seus familiares. "Eu tive um sonho" – disse o pastor – "em que ele apareceu à minha frente e me disse: 'É chegada minha hora de morrer. O senhor precisa falar para meus pais pararem de orar. É minha hora de partir'".

O pastor não sabia se deveria ou não levar o recado, mas o episódio havia sido muito vívido para ser ignorado. "Era como se aquele menino estivesse em pessoa em meu quarto, falando comigo frente a frente".

Os familiares aceitaram o sonho do pastor como sendo a mensagem de seu filho, e passaram a orar para que desencarnasse em paz. Tocaram seu corpo em coma, disseram-lhe que sentiriam sua falta, mas que tinha sua permissão para deixar a vida da Terra.

E o menino despertou do coma. Agradeceu aos pais por deixá-lo ir e disse que em breve desencarnaria, o que realmente aconteceu no dia seguinte.

Por que a vida é muitas vezes interrompida na infância?

Esta pergunta, de número 199, é uma das 1.019 contidas em *O Livro dos Espíritos*, espinha dorsal da Doutrina Espírita, feita por Allan Kardec à espiritualidade. Os espíritos responderam: "A duração da vida de uma criança pode ser, para o Espírito que nela está encarnado, o complemento de uma existência anterior interrompida antes do tempo. Sua morte é, muitas vezes, também *uma provação ou uma expiação para os pais.*"

E Kardec queria saber mais sobre o destino das crianças após a morte do corpo: "O que acontece com o Espírito de uma criança que morre em tenra idade?" E os espíritos responderam: "Ela recomeça uma nova existência."

Nascer, morrer, renascer...

Em referência à morte precoce de crianças, seguido às respostas à questão 199 em *O Livro dos Espíritos*, Allan Kardec afirma: "Se o homem tivesse apenas uma existência e se, depois dela, sua destinação futura fosse fixada perante a eternidade, qual seria o mérito de metade da espécie humana que morre em tenra idade, para desfrutar, sem esforços, da felicidade eterna? E com que direito ficaria desobrigada e livre das condições, muitas vezes tão duras, impostas à outra metade? Tal ordem de coisas não estaria de acordo com a justiça de Deus. Pela reencarnação, a igualdade é para todos. O futuro pertence a todos sem exceção e sem favorecer a ninguém. Os que se retardam não podem culpar senão a si mesmos. O homem deve ter o mérito de seus atos, como tem de sua responsabilidade. Além do mais, não é racional considerar a infância como um estado normal de inocência. Não se vêem crianças dotadas dos piores instintos numa idade em que a educação ainda não pôde exercer sua influência? Não há algumas que parecem trazer do berço a astúcia, a falsidade, a malícia, até mesmo o instinto de roubo e de homicídio, apesar dos bons exemplos que lhe são dados de todos os lados? A lei civil as absolve de seus delitos, porque considera que agem sem discernimento. E tem razão, porque, de fato, agem mais instintivamente do que pela própria vontade. Porém, de onde podem se originar esses instintos tão diferentes em crianças da mesma idade, educadas nas mesmas condições e submetidas às mesmas influências? De onde vem essa perversidade precoce, senão da inferioridade do Espírito, uma vez que a educação em nada contribuiu para isso? As que são dadas a vícios, é porque seu Espírito progrediu menos e, portanto, sofrem as conseqüências, não por seus atos de infância, mas por aqueles de suas existências anteriores. E é desse modo que a lei é igual para todos, e a justiça de Deus a todos alcança."

doze

Nossa dupla natureza

Quem já ouviu falar de Alfred Russel Wallace?

Para os estudiosos da teoria da evolução por seleção natural proposta por Charles Darwin, ele foi apenas um naturalista que, sem o saber, motivou Darwin a publicar o livro *A origem das espécies*, em 24 de novembro de 1859.

Mas Alfred Russel Wallace foi muito mais que isso. Ele foi, assim como Darwin, um brilhante naturalista que também propôs a teoria da evolução por seleção natural – até um certo ponto. Wallace não conseguia, na teoria da seleção natural, encontrar explicação plausível para dons que determinadas pessoas possuem – habilidade para o raciocínio matemático, para as artes, a música. Também não conseguia explicar a capacidade de algumas para as confabulações metafísicas, a genialidade e o humor inatos.

Wallace acreditava que algo no "universo invisível dos espíritos" havia intercedido pelo menos três vezes na história da humanidade: a primeira foi na criação da vida a partir da matéria inorgânica. A segunda foi na introdução da consciência nos animais superiores e a terceira na geração das faculdades mentais nos seres humanos. Wallace acreditava que o objetivo do universo era o desenvolvimento do espírito.

Mas para Darwin, cuja teoria de seleção natural já gozava de prestígio entre os cientistas da época (e goza até hoje!), a "seleção sexual" explicaria facilmente esses aparentes fenômenos, os talentos que nada têm a ver com a adaptação ambiental. E, para ele, não havia necessidade nenhuma de prover o ser humano de espírito para explicá-lo.(1)

Foi a teoria de Darwin, a do homem sem espírito, que prevaleceu no meio científico, pois esta era mais racional. A partir dela, o ser humano passou a ser considerado uma mera máquina, sem muito propósito na vida além de se adaptar ao meio ambiente onde nasce e luta por sua sobrevivência até o dia em que chega a morte e o aniquile para todo o sempre.

Essa concepção prevalece até hoje de acordo com a ciência – não há nada no ser humano além de seu corpo. Para os cientistas em geral, a existência do espírito, sua imortalidade e sobrevivência à morte são fantasias para afastar, ou pelo menos, amenizar o medo inato que o ser humano tem de morrer. Portanto, as explicações para a EQM e seus episódios característicos tais como a saída do corpo físico, a viagem pelo túnel, o encontro com parentes desencarnados, segundo a ciência, são produzidos por alguma região do cérebro, provavelmente o lobo temporal direito.

Um dos principais incentivadores dessa hipótese foi o neurocirurgião canadense Wilder Penfield nos anos 1950 e 1960. Quando, em suas pesquisas, o doutor Penfield estimulava a chamada fissura silviana, localizada no lobo temporal direito, em pacientes epilépticos, estes, que eram mantidos acordados, tinham a sensação de estar saindo do corpo. Na atualidade, o maior proponente dessa hipótese é o doutor Olaf Blanke, neurologista do Hospital Universitário de Geneva. No ano de 2002, enquanto estimulava com eletrodos uma área chamada giro angular, relacionada à percepção mental, no cérebro de uma senhora como parte do tratamento de epilepsia, a mulher disse a Blanke que se sentia fora do corpo, em uma posição que lhe permitia ver seu próprio corpo físico. Blanke divulgou esse episódio no jornal britânico *Nature*.(2)

A partir da publicação de sua pesquisa em *Nature*, vários artigos apareceram na mídia utilizando a sua experiência para refutar ou, no mínimo, questionar a natureza espiritual relacionada às experiências fora do corpo (desdobramento ou emancipação da alma, como chamamos no Espiritismo) e a EQM. No Brasil, a revista *Isto É* publicou um artigo em sua edição de 25.09.2002.

Em diálogos que tenho tido com alguns amigos sobre a EQM, algumas vezes esse tema tem vindo à tona como possível refutação da existência do espírito. Na Internet, em uma comunidade espírita, li a preocupação de uma jovem. Em sua mensagem ela dizia que havia sido provada cientificamente a origem de tais experiências, e que nada tinha a ver com a existência da alma. Senti em suas palavras sua fé titubear, como se indagasse: "e agora, o que vai ser de nós espíritas se a alma não mais existe?"

Mas não há com que se afligir. A experiência do doutor Blanke ainda não produz nenhuma resposta para o fenômeno. Muito ao contrário! Produz, sim, novas perguntas que requerem respostas. Por exemplo, se sua paciente viu-se fora do corpo, e de algum lugar elevado foi capaz de ver o corpo no leito, podemos inferir que alguma parte não-física de seu ser deslocou-se para fora do corpo, senão como ela poderia ter essa visão?

Robert Monroe, médium norte-americano dedicado ao desdobramento espiritual, que escreveu vários livros sobre suas experiências, popularizou o termo "experiências fora do corpo" e fundou o *The Monroe Institute* para estudos do fenômeno, desenvolveu, registrou e patenteou um sistema audiovisual para estimular regiões do cérebro com o propósito de facilitar o desprendimento espiritual, o qual ele utilizava com freqüência e com sucesso.

Portanto, outra conclusão que podemos inferir pelas experiências de Penfield e Blanke e de Robert Monroe (para citar apenas estes), não é que certos estímulos cerebrais provocam a ilusão de estar fora do corpo, mas sim que poderiam existir meios artificiais de produzir o desprendimento espiritual, algo que nosso espírito faria espontaneamente, sobretudo durante o sono, como aprendemos no Espiritismo, ou durante uma grave crise de saúde, como nos casos de parada cardiorrespiratória, acidentes, afogamentos, quando a EQM se dá com maior freqüência.

A ciência está longe de dar a última palavra sobre nossa verdadeira natureza. O próprio doutor Wilder Penfield, o primeiro a produzir tal efeito em um ser humano, que passou mais de trinta anos tentando descobrir como o cérebro "produzia" a mente, confessou, pouco antes de seu desencarne, que a hipótese dualista, a que postula que o cérebro e a mente são duas entidades independentes, que a mente pode viver sem o cérebro, é mais plausível do que a monista, que prega que o cérebro produz a mente.(3)

Nossa dupla natureza

O Espiritismo nos ensina que "o homem é composto do corpo e do Espírito; o Espírito é o ser principal, o ser da razão, o ser inteligente [e o ser que sai do corpo durante a EQM!]; o corpo é o envoltório material que reveste, temporariamente, o Espírito para o cumprimento da sua missão na Terra e a execução do trabalho necessário ao seu adiantamento. O estado corporal e o estado espiritual são, para o Espírito, a fonte de dois gêneros de progresso, solidários um com o outro; por isso, passa, alternativamente, por esses dois modos de existência".(4)

A vida material na Terra é uma grande escola para o espírito. Estamos temporariamente encarnados para participar do importante aprendizado que a Terra propicia à nossa evolução moral, espiritual e intelectual. Nas palavras de Emmanuel, "A Terra deve ser considerada escola de fraternidade para o aperfeiçoamento e regeneração dos Espíritos encarnados".(5)

Antes desta encarnação, vivíamos no mundo dos espíritos, mundo esse que está por toda parte, ocupando o mesmo espaço em que ora vivemos, como testemunhou George Ritchie, e não só neste planeta mas em todos os planetas e em todos os lugares do universo.

E como era nosso corpo antes de encarnar? Qual era a nossa aparência?

Nosso corpo era o perispírito, e a forma humana, provavelmente com as aparências da encarnação anterior. O vocábulo *perispírito* – junção de duas palavras, *peri*, do grego, que significa *em torno*, e *spiritus*, do latim, *espírito* – foi adotado por Allan Kardec para denominar o corpo espiritual. O perispírito é, portanto, o corpo fluídico semimaterial, que envolve o espírito, unindo este ao corpo físico.

Para experimentar a vida na Terra, o espírito precisa de um corpo de matéria correspondente para poder interagir com seres e objetos próprios da Terra. Contudo, "o Espírito é o ser principal, é o ser *pensante* e *sobrevivente*; o corpo é apenas um *acessório* do Espírito, um envoltório, uma vestimenta que ele deixa quando está estragada".(6)

Mas o Espírito não deixa o corpo físico apenas quando usado, ele o deixa sempre que tem uma oportunidade: "...o Espírito recobra sua liberdade quando os sentidos se entorpecem", diz-nos *O Livro dos Espíritos*, questão 407. "Ele se aproveita, para se emancipar, de todos os momentos de repouso que o corpo lhe concede. Desde que haja debilidade das forças vitais, o Espírito se desprende, e quanto mais fraco estiver o corpo, mais livre ele estará."

Na experiência de quase-morte, a prostração, embora em tempo bem curto, é quase total. Com isso, o espírito torna-se mais livre; portanto, capaz de vivenciar experiências tão extraordinárias como a de George Ritchie e dos diversos casos que acabamos de ver neste livro, além de milhares que ocorrem diariamente nas salas de emergência de hospitais, em acidentes e afogamentos em todo o mundo.

treze

Como nasceu a ciência de EQM

"Nós somos um todo. Não há dualidade. Existe apenas unicidade no universo."

"Existe sobrevivência da consciência além da morte."

"O propósito da vida é amar um ao outro e cuidar um do outro, crescer intelectualmente e ser feliz... celebrar a vida... divertir-se... desfrutar!"

"Deus existe, um só Deus, onisciente e que não julga ninguém e que é a manifestação do amor incondicional puro."

"Não há razão para temer a morte porque a morte é apenas uma porta que se abre a algo incrível e indescritível."

> "Nós somos responsáveis pelo que falamos, pelo que pensamos e pelo que fazemos. Na presença do amor e do conhecimento absoluto, um dia nós julgaremos a nós mesmos e não teremos outra escolha senão continuar a repetir o processo até que o façamos corretamente."

> "A EQM nos ensina muitas coisas, mas o que é mais evidente é que deveremos viver nossa vida, não pelas coisas da Terra, mas sim pela maravilhosa jornada que começa quando nós a deixamos, portanto, é necessário que todo ser pensante reavalie seus valores e prioridades enquanto está na Terra. Tudo que levamos daqui é o arquivo do que fizemos... apenas isso."(1)

Até parecem mensagens extraídas da literatura espírita, não parece? Mas não foram. Quem as escreveu foi o sociólogo John Audette, idealizador e primeiro presidente da primeira associação para os estudos científicos da EQM, fundada em 1978 com o nome de *Association for the Scientific Study of Near-Death Phenomena* (Associação para o Estudo Científico do Fenômeno da Proximidade da Morte), atualmente chamada *International Association for Near-Death Studies* – Iands (Associação Internacional para Estudos da Proximidade da Morte). Essas mensagens foram (e são) trazidas por pessoas cujas EQMs as levaram aos portais do Além onde encontraram o ser de luz ou parentes que lhes mostraram o verdadeiro sentido da vida humana e a realidade da vida após a morte, independentemente da religião que professavam, ou mesmo se não tinham religião, ou se acreditavam ou não na vida após a morte.

Dada a tamanha consistência dessas mensagens por pessoas de tão diversas formações, etnias, credos e posição social, John Audette adotou-as como preceitos da associação. Igualmente, a consistência dos relatos, estudados por um número de pesquisadores independentes, formavam, de acordo com Audette, um alicerce científico muito sólido para a unificação de religiões e culturas ao redor do mundo, por meio dos estudos científicos da EQM.

*

Com a publicação de *Life after life* (A vida depois da vida) em 1975, o doutor Raymond Moody tornou-se da noite para o dia uma celebridade mundial. E a EQM tornou-se a palavra da hora. Chegavam-lhe avalanches de mensagens de pessoas que passaram pela experiência de EQM e que jamais haviam contado a ninguém, por receio que não lhes acreditassem ou lhes chamassem de malucas; médicos que haviam ouvido de seus pacientes tais relatos, mas que não sabiam como lidar com isso, queriam sua sugestão; pessoas interessadas em pesquisar o fenômeno lhe pediam ajuda de como proceder; a mídia lhe telefonava para agendar entrevistas.

John Audette foi assistente de Raymond Moody antes da publicação de *A vida depois da vida*, e após o furor que seu livro causou viu-se no papel de seu secretário particular. E Audette percebeu de imediato a necessidade de formar uma organização para estudar a EQM cientificamente. Com a ajuda da doutora Elisabeth Kubler-Ross, que já estava familiarizada com o fenômeno graças às experiências com seus pacientes, convenceu Moody da necessidade de fundar tal organização. E em 1978 nascia a *Association for the Scientific Study of Near-Death Phenomena*; que a partir de 1980 passou a chamar-se *International Association for Near-Death Studies* – Iands. Localizada na cidade de Durham, na Carolina do Norte, a Iands é a maior, senão a única, organização para estudos científicos de experiências de quase-morte no mundo, com grupos regionais coligados distribuídos por 29 Estados americanos e dez outros países.

O primeiro cientista

Um homem está morrendo e, conforme chega ao grande desgaste físico, ouve sua declaração de morte pelo médico. Ele começa a ouvir um barulho irritante de chiados agudos e ao mesmo tempo sente que está se movendo rapidamente através de um túnel longo e escuro. Depois disso, de repente ele se encontra fora de seu próprio corpo físico, mas ainda no ambiente físico imediato, e vê o próprio corpo a certa distância, como se fosse um espectador. Ele observa a tentativa de ressuscitá-lo a partir desse ponto de vista incomum e encontra-se num estado de revolta emocional.

Após certo tempo, ele se acalma e fica mais acostumado com essa condição ímpar. Ele percebe que ainda tem um "corpo", mas de uma natureza muito diferente e com poderes muito diferentes do corpo físico que ele deixou para trás. Logo outras coisas começam a acontecer. Outras pessoas vêm ao seu encontro para ajudá-lo. Ele vislumbra os espíritos de parentes e de amigos que já faleceram, e um espírito doce e caloroso de um tipo que ele nunca encontrou antes – um ser de luz – aparece perante ele. Esse ser faz uma pergunta para fazê-lo avaliar a própria vida e o ajuda no processo, mostrando uma retrospectiva panorâmica e instantânea dos principais eventos de sua vida. Em determinado momento, ele se vê se aproximando de algum tipo de barreira ou fronteira, aparentemente representando o limite entre a vida terrena e a próxima vida. Ainda assim, ele sente que deve voltar para a Terra, que o momento de sua morte ainda não chegou. Nesse ponto, ele resiste, pois agora foi envolvido por suas experiências na vida depois da morte e não quer retornar. Ele está repleto de sentimentos intensos de alegria, amor e paz. No entanto, apesar de sua atitude, de algum modo ele se religa ao corpo físico e volta a viver.

Mais tarde, ele tenta contar aos outros, mas sente dificuldades. Em primeiro lugar, não é possível encontrar palavras humanas adequadas para descrever esses episódios sobrenaturais.

Ele também percebe que os outros zombam da história, então ele pára de contar. Mesmo assim, a experiência afeta sua vida profundamente, especialmente sua visão acerca da morte e seu relacionamento com a vida. Enquanto lia, no segundo capítulo de *A vida depois da vida*, esse relato de uma EQM, dois anos após a sua publicação, a cabeça do doutor Kenneth Ring zumbia. Doutor em psicologia e professor emérito da cadeira na Universidade de Connecticut, sua vida profissional, pessoal e espiritual estava tumultuada. Nada parecia ter sentido.

"*A vida depois da vida*", declarou Ring, "mudou o rumo e deu novo significado à minha vida pessoal, profissional e acadêmica."

E não apenas mudaria sua vida, mas daria início a uma nova ciência, que poderá vir a provar, cientificamente, a imortalidade do ser humano, não em laboratório, como prefeririam os cientistas, mas em UTIs de hospitais de todo o mundo.

Cientista que era, Ring queria saber se os relatos extraordinários que Raymond Moody apresentava em *A vida depois da vida* passariam incólumes pelo escrutínio da ciência. A título de informação, para que uma hipótese ou afirmação tenha validade científica, ela terá que ser replicável, isto é, os resultados que postulam ser verídicos terão que ser repetidos ou replicados, de acordo com os resultados descritos, e quanto mais replicável e consistente a ocorrência, mais validade terá a hipótese.

Portanto, se Ring conseguisse encontrar outras pessoas que estiveram próximas da morte, por parada cardíaca, acidentes ou alguma outra enfermidade, similares aos entrevistados por Moody, relatariam elas experiências semelhantes? Em termos acadêmicos, em um estudo sistematizado, metodicamente estruturado e analisado, os relatos que constam em *A vida depois da vida* seriam confirmados ou negados?

Para responder a essa questão, Ring elaborou um projeto de estudo visando, primeiramente, encontrar pessoas que estiveram próximas da morte. Na etapa seguinte, seriam agendadas entrevistas para ouvi-las. Suas experiências seriam então catalogadas e os relatos mais dramáticos seriam selecionados para confrontação com os casos de Raymond Moody.

Com a colaboração de vários hospitais de Connecticut, em um trabalho que durou dois anos, Ring e sua equipe encontraram 102 pessoas que haviam atravessado a iminência da morte, sobreviveram e voltaram para contar o que viram.

E para sua surpresa, a maioria delas disseram haver tido EQM.

Disseram-lhe que estiveram fora do corpo, viajaram pelo túnel em direção à luz, encontraram parentes e amigos desencarnados; disseram também haverem sentido grande emanação de amor e compaixão no plano espiritual onde estiveram, que recapitularam suas vidas etc. Ou seja, todos os elementos característicos de EQM que Moody relatara, o estudo de Ring confirmou e provou que eram consistentes.

Ring detalhou os resultados desse trabalho em seu livro, *Life at Death* (A vida na hora da morte), publicado em 1982. Com essa pesquisa, o doutor Kenneth Ring tornou-se o pioneiro no estudo sistematizado dessa nova ciência.

catorze

A conversão de um cético

"Eu não conseguia mais suportar a dor e desmaiei. E foi então que tudo escureceu. Em seguida, eu estava sentado em algum lugar elevado, olhando para baixo. Foi quando dei-me conta de que o piso era de ladrilhos pretos e brancos. Essa foi a primeira coisa que percebi. Em seguida vi meu corpo lá embaixo, encolhido quase que em posição fetal. Duas ou três pessoas levantaram-me, colocaram-me em uma maca e deitaram-me em uma mesa. Assim que me puseram na mesa, um médico começou a golpear-me o peito violentamente. Levantou o braço até quase atrás da nuca e deu um soco bem no meio do meu peito. Depois enfiaram-me uma mangueirinha de plástico garganta abaixo. Foi então que notei uma mesa com um monte de coisas em cima, e mais tarde descobri que era o aparelho que usavam para dar choque no peito. Eu ouvia as pessoas conversando. O monitor cardíaco parecia um osciloscópio e fazia sempre a mesma linha. Eles me enfiaram uma agulha no peito. Depois pegaram dois discos, um maior que o outro, colocaram um aqui e o outro aqui (o paciente apontou os locais sobre o peito) e deram um choque, mas não respondi. Eu achava que haviam colocado muita voltagem. Meu corpo saltou uns quatro palmos da mesa. A sensação que eu tinha é que não havia outra escolha a não ser voltar para o corpo para que eles me reanimassem. Mas eu podia também morrer, se já não estivesse morto. Eu sabia que estaria muito bem independentemente de meu corpo morrer ou não. Deram-me a segunda dose de choque e então voltei ao corpo."(1)

*

"Eu tinha o pressentimento de que alguma coisa ia acontecer... e nesse instante perdi a consciência. De repente estava olhando para baixo, vendo meu corpo tendo convulsões. O corpo estava caindo da cama e a moça, no leito ao lado, gritou para as enfermeiras, e uma delas teve tempo de agarrá-lo antes que caísse. Havia mais duas enfermeiras, uma havia trazido um abaixador de língua. As enfermeiras levantaram as grades protetoras nas laterais do leito, em seguida chamaram o médico.

"A sensação que eu tinha era de estar nas alturas, a uma grande distância, como se estivesse na varanda de um apartamento, olhando para baixo e assistindo a tudo como se fosse uma terceira pessoa, não como a protagonista de um filme, mas como um espectador. Meu sentimento era de calma e bem-estar. Via tudo muito claramente, como se assistisse a uma cena na TV. Era desagradável ver meu corpo esperneando-se no leito daquele jeito. A paciente ao lado estava muito assustada com o episódio. As convulsões não duraram muito. Eu não faço idéia de como ocorreu a mudança, mas quando voltou-me a consciência (física), já era a manhã do outro dia."(2)

Estes foram apenas dois depoimentos que o (agora ex-) cético cardiologista e especialista em ressuscitação cardíaca, doutor Michael Sabom, ouviu dos 78 pacientes que haviam estado na iminência da morte, foram ressuscitados e voltaram para contar o que viram no período em que estavam clinicamente mortos.

E, com esse estudo sistematizado, Sabom tornou-se o segundo pioneiro nos estudos científicos da EQM. Seu primeiro contato com o fenômeno foi semelhante ao caso de Kenneth Ring – pela leitura do livro *A vida depois da vida*, que a amiga Sarah Kreutziger lhe emprestara.

E quando Sarah indagou o que achara do livro, Sabom foi sincero; procurando ser o mais elegante possível, retrucou que não acreditava em nada daquilo.

"Minha mente, doutrinada cientificamente", declarou Sabom, "não podia aceitar aquelas descrições absurdas – vida após a morte, espíritos e coisas assim."

Sarah Kreutziger trabalhava no hospital universitário onde Sabom fazia residência, e as experiências que havia lido em *A vida depois da vida* despertaram-lhe um grande interesse no fenômeno. Então sugeriu a Sabom que fizessem um estudo semelhante ao de Moody com os pacientes do hospital que estiveram próximos da morte.

Sabom gostou da idéia. Era uma ótima oportunidade para provar que tudo aquilo que lera em *A vida depois da vida* era pura fantasia!

E seu ceticismo começou a ruir logo no primeiro contato que teve com uma paciente que esteve próxima da morte. Em sua ronda, uma noite, aproximou-se do leito de uma senhora de meia-idade que havia estado inconsciente várias vezes em decorrência de grave doença. Depois de conversar com ela sobre sua saúde, perguntou-lhe, meio sem jeito, se por acaso havia tido alguma experiência peculiar durante o tempo que esteve inconsciente.

Cada narrativa da mulher deixava-o mais estarrecido. Apesar de médico, era a primeira vez em sua vida que ouvira alguém falar coisa semelhante. Tudo o que a mulher falava ele havia lido em *A vida depois da vida.*

Encorajado por essa primeira experiência e pela persistência de Sarah, e com grande ajuda dela, elaborou um projeto de estudo para avaliar, sistemática e cientificamente, a extensão das experiências de quase-morte. Sarah e Sabom conseguiram localizar e entrevistar 78 pacientes que estiveram próximos da morte e que foram reanimados. Destes, 66 tiveram parada cardiorrespiratória, 8 estiveram em coma e 4 sofreram acidentes quase fatais.

Quando indagado sobre sua opinião acerca dos relatos em *A vida depois da vida*, Sabom disse que sua mente cientificamente doutrinada não podia aceitar aquelas descrições absurdas – vida após a morte, espíritos e coisas desse tipo. Mas foi exatamente o que ouviu de seus entrevistados!

Dos 78 pacientes pesquisados, 34 disseram ter experimentado EQMs semelhantes às descrições em *A vida depois da vida*, passando, se não por todas, pelo menos por algumas das dez fases da EQM – percepção de saída do corpo físico, sensação de paz e bem-estar, vendo o que se passava ao redor do corpo, entrada no túnel, recapitulação da vida. Dezessete pacientes disseram haver encontrado parentes desencarnados!

Mas como poderiam os pacientes terem vivenciado essas experiências se estavam inconscientes, em coma, muitos deles não apresentando batimentos cardíacos, a circulação sanguínea interrompida, considerados clinicamente mortos? E ainda mais: como poderiam ter consciência? Como poderiam ser capazes de raciocinar e de conservar lembranças se, em muitos casos, no momento dessas experiências, estavam impedidos de suas atividades cerebrais?

Para o doutor Sabom à época, assim como para tantos outros cientistas, isso era impossível, pois em sua limitada visão do ser humano, o cérebro é tudo e a mente é um subproduto deste, e, se o cérebro não está funcionando, a mente não existe.

Seguindo outra linha de investigação, o cardiologista concentrou-se, em suas entrevistas, na obtenção de detalhes técnicos dos métodos de reanimação aplicados nos pacientes.

O raciocínio do qual se valeu foi o seguinte: como aqueles pacientes eram leigos em técnicas de reanimação, se não as houvessem presenciado de um ponto de vista privilegiado, não seriam capazes de descrevê-las adequadamente. E como muitos de seus entrevistados haviam lhe dito que saíram do corpo e pairaram no ar a alguma distância (no caso do segundo exemplo no início deste capítulo), muitos observando atentamente o que ocorria com o corpo físico, apresentariam informações que, se não estivessem sonhando ou alucinados, haviam de ser coerentes.

Eis a declaração de Sabom após entrevistas com esses pacientes: "fiquei estarrecido com o nível de detalhes que deram acerca dos métodos utilizados no processo de sua reanimação. E fui forçado a rever o relacionamento entre a mente e o cérebro". Uma das pacientes cujos detalhes o ajudou a modificar sua postura cética quanto ao fenômeno das experiências de quase-morte foi Pam Reynolds, cuja experiência citamos na abertura do Capítulo 6.

Em 1983, o doutor Michael Sabom publicou o resultado de suas investigações em seu livro *Recollections of Death* (Recordações da morte).

A ciência de EQM na atualidade

Antes de mostrar como estão os estudos de EQM na atualidade, gostaria de esclarecer que uma série de outros cientistas teve papel de extrema importância no estabelecimento dessa nova ciência, responsáveis por estudos sérios e sistematizados. Entre os mais renomados, podemos citar Bruce Greyson, psiquiatra da Universidade de Virginia e P.M.H. Atwater (ativos até hoje), Elisabeth Kubler-Ross (desencarnada em agosto de 2004) e dois outros que se dedicaram ao estudo de experiências menos glamourosas: Barbara Rommer e Maurice Rawlings.

Os cientistas da atualidade

Nos Estados Unidos, os estudos científicos de EQM continuam sob a liderança do doutor Bruce Greyson, ativo desde o início e um dos fundadores, em 1978, juntamente com os doutores Raymond Moody, Kenneth Ring, Michael Sabom e John Audette, da *Association for the Scientific Study of Near-Death Phenomena* ou *International Association for Near-Death Studies* – Iands. Aliás, Bruce Greyson foi presidente dessa associação. Ele é também o editor do *Journal of Near-Death Studies* (Jornal de Estudos de Quase-Morte), publicado pela Iands.

Na Inglaterra, são dois os principais pesquisadores do fenômeno: o veterano Peter Fenwick, psiquiatra do Instituto de Psiquiatria do Kings College, em Londres e do Grupo de Saúde Mental da Universidade de Southampton, vem pesquisando a EQM há mais de três décadas, e o jovem Sam Parnia, especialista em medicina respiratória, professor e pesquisador da Universidade de Southampton, na Inglaterra, e na Cornell University, nos Estados Unidos.

No hospital de Southampton, o doutor Parnia divisou um projeto inovador para estudar a EQM.

Lembra-se de que muitos pacientes disseram ter flutuado para o teto, durante a EQM, e de lá viam o que estava acontecendo embaixo?

O doutor Parnia fixou monitores próximos do teto, cujas telas foram voltadas para cima, e imagens aleatórias foram nele projetadas, as quais somente aqueles que flutuassem durante uma EQM poderiam identificar.

Até a data em que escrevia este capítulo (janeiro de 2008), nenhum paciente atendido naquela sala havia relatado experiências de EQM.

Não podemos deixar de citar o doutor Pim van Lommel, cardiologista aposentado e principal estudioso da EQM na Holanda. Em 2001 ele publicou na revista *Lancet* o resultado de um dos maiores estudos de EQM no mundo. Com a ajuda de colegas, em vários hospitais da Holanda, Van Lommel liderou pesquisas em 344 pacientes que haviam recebido, juntos, 509 ressuscitações, depois de terem sofrido parada cardiorrespiratória. Destes, 62 tiveram EQM, e entre eles estava o homem das dentaduras, que citei no capítulo 6. O que poderia ter causado tais experiências nesses 62 pacientes? Falta de oxigênio no cérebro? Alucinações devido a medicamentos ou ao estresse físico provocado pela doença? Estímulo em alguma parte do cérebro?

"Nossos resultados", concluiu o doutor Van Lommel, "mostram que fatores médicos não foram os causadores da EQM."(3)

Então o que foi que as causou? Para a ciência, o enigma continua.

Certamente não mencionei, ainda que sem intenção de fazê-lo, vários nomes que se dedicam ao estudo de EQMs em hospitais e universidades de várias partes do mundo, inclusive nos países anteriormente citados, e merecem crédito.

Tomei o cuidado de procurar diligentemente alguém que estivesse se dedicando a essas pesquisas no Brasil, mas não encontrei ninguém. Achei que algum médico estudasse o fenômeno no Incor, o Instituto do Coração do Hospital das Clínicas da Faculdade de Medicina da Universidade de São Paulo, um laboratório fantástico para tal pesquisa, e tentei contatar a instituição. A resposta que recebi foi que não havia ninguém dedicando-se ao estudo da EQM naquele instituto.

Sentir-me-ia muito gratificado se este livro pudesse despertar o interesse, não apenas do Incor, mas de outras instituições que contribuíam com estudos científicos sobre essas fascinantes experiências.

Gostaria também que todas as pessoas que passaram por EQM e que temiam contá-la, que o façam agora e ajudem a formar uma forte corrente de conscientização da naturalidade do fenômeno.

Epílogo

O ESPÍRITO ENCARNADO NA TERRA, EM SEU ESTADO EVOLUTIVO, ÀS vezes precisa da dor para despertá-lo do torpor que a vida material impõe a ele. Embora seja espírito e não um corpo material, seus sentidos físicos limitados, suas crenças, preconceitos, orgulho, vaidade e, na maior parte das vezes, sua ignorância, impedem que pare para recapitular sua vida, seu dia-a-dia, aqui mesmo na Terra, e redirecioná-la se necessário, sem necessitar de tão drástica intervenção quanto é uma EQM.

Como vimos nos poucos exemplos acima (e exemplos semelhantes há aos milhares na literatura), as pessoas que passaram pela recapitulação da vida durante a EQM viram seus erros e reconheceram a necessidade de transformar sua conduta. Mas como não era sua hora de desencarnar, puderam voltar para remir suas faltas.

Agora, como ficam aquelas pessoas cuja hora é chegada, que atravessam os portais do Além e recapitulam sua vida, e igualmente se dão conta dos erros cometidos, arrependem-se amargamente, querem voltar para redimir seus erros mas seus corpos já não possuem mais condições orgânicas para receber de volta o espírito? Como será que se sentem em seu íntimo, conscientes de tal impossibilidade?

Reflitamos ainda, e se essa pessoa for um de nós... eu, você...? Isso certamente ocorrerá, mais cedo ou mais tarde. Todos sabemos que ninguém escapará da morte física, nenhum ser vivo que habita um corpo perecível livrar-se-á das garras da morte!

Nós estamos todos, sem exceção, à mercê dela a todo instante! Nossa passagem de volta ao Além já está comprada, desde aquele sublime momento em que demos o primeiro suspiro nesta vida. Estamos apenas aguardando a hora do embarque, que pode chegar a qualquer momento, sem aviso prévio. E a morte não quer saber se nossa bagagem está pronta ou não, e pode, como faz muito comumente, pegar-nos, como diz o antigo adágio popular, de calças curtas!

Só há uma maneira de não ser pego de surpresa quando nossa hora chegar. Como? Viver todos os momentos de nossa existência em conformidade com as leis divinas – amar ao próximo como a nós mesmos, aprender a perdoar, a fazer o bem, a falar o bem, ser compassivo e indulgente com as limitações de todos os que nos cercam e buscar a reforma íntima – para nosso próprio bem!

A fase de recapitulação da vida, que vimos nos casos apresentados neste livro, possibilita-nos termos uma idéia de como será nosso próprio reencontro com mentores e protetores que confiaram em nosso trabalho na Terra. Vimos nesses relatos que os benfeitores espirituais são compreensivos, não julgam nem condenam. Mas nossa consciência, sim!

Deve ser muito doloroso e vergonhoso rever ações mesquinhas e malévolas, nossa rudeza, vícios, ofensas a entes queridos e amigos que nos amaram, o mal que fizemos e o bem que deixamos de fazer. Obviamente, nem todas nossas ações deverão ter sido vis, certamente executamos ações nobres e dignas. Mas dessas não devemos nos vangloriar, pois é nossa obrigação viver no bem. Temos esse compromisso com Deus. E além do mais, somos os maiores beneficiados com nosso bom procedimento.

O Espiritismo nos ensina que vivemos sob uma lei implacável – a Lei de Causa e Efeito ou Ação e Reação. O Espírito André Luiz coloca-nos clara e objetivamente como essa lei se aplica à nossa vida e como seríamos afetados pelo efeito ou reação de nossa conduta. "Tudo de bom ou ruim que você fizer hoje, algo de força equivalente amanhã irá o beneficiar ou prejudicar, seja nesta ou em outra vida. 'A cada um será dado de acordo com suas obras'. Não existe escapatória ou subterfúgios perante as Leis de Deus... Responderemos por todos os golpes destrutivos que vibramos nos corações alheios e não nos permitiremos repouso enquanto não consertarmos, valorosos, o serviço de reajuste."(1)

Essas pessoas que passaram pelas extraordinárias experiências que aqui narramos sabem muito bem o que André Luiz quis dizer com isso. Eles sentiram na alma a veracidade dessa afirmação. E voltaram de sua EQM transformados, pois compreenderam a razão pela qual estão na Terra – para aprender a amar, a perdoar e a valorizar a vida, não apenas a sua, mas de toda a criação.

Descobriram também a grande família que é a humanidade, e sentiram, em seu próprio ser, exacerbada, a dor que causaram a seus irmãos.

Que essas experiências nos sirvam de alerta e inspirem-nos à introspecção para uma análise séria e profunda de nossa atual conduta, da qualidade de nossos sentimentos e ações, não apenas para com nossos familiares e amigos, mas para com toda a humanidade; que elas nos impulsionem a seguir o caminho que nos levará a Deus. E assim, quando chegar nossa hora de cruzar os portais do Além, naquele sublime momento em que um ser de luz, seja ele quem for, aparecer a nossa frente, ele não precisará perguntar, como fez a George Ritchie: "o que você tem feito em sua vida até agora para me mostrar?"

Ele verá nossa grandeza estampada na luz radiante que emana de nosso ser.

Muita paz!

Referências

Capítulo 1 – Uma viagem de outro mundo

1. RITCHIE, George. *Voltar do amanhã: um psiquiatra descreve aqui sua própria experiência no outro lado da morte*. Rio de Janeiro: Nórdica, 1980.

Capítulo 2 – Nos portais do Além

1. RITCHIE, George. *Voltar do amanhã: um psiquiatra descreve aqui sua própria experiência no outro lado da morte*. Rio de Janeiro: Nórdica, 1980.

Capítulo 3 – A vida depois da vida

1. PLATÃO. *Phaedo*. Nova York: Cambridge University, 1955.
2. __________. *The Republic*. Nova York: Penguin, 1955.
3. XAVIER, Francisco C. *Emmanuel*. Rio de Janeiro: FEB, 1938.

Capítulo 4 – O que é quase-morte – EQM

1. KARDEC, Allan. *O Livro dos Médiuns*. Parte Primeita, Cap. 1. São Paulo: Petit Editora, 2004.
2. MORSE, Melvin & PERRY, Paul. *Closer to the light*. Nova York: Villard, 1990.
3. ATWATER P.M.H. *Children of the new millennium*. Nova York: Three Rivers, 1999.

4. LONG, Jeffrey. *How many NDEs occur in the United States everyday?* <http://www.nderf.org/number_nde_usa.htm> (acessado em 20 de setembro de 2007).
5. ATWATER, P.M.H. *Muito além da luz*. Rio de Janeiro: Record, 1998.
6. XAVIER, Francisco C. *O Consolador* (pelo Espírito Emmanuel). Rio de Janeiro: FEB, 1997.

Capítulo 5 – As dez fases da EQM

1. FONTANA, David. *Is there an afterlife? A comprehensive overview of the evidence*. London: O Books, 2005.
2. GREY, Margot. *Voltando da morte*. Porto Alegre: Kuarup, 1997.
3. *Idem.*
4. *Ibidem.*
5. *Ibidem.*
6. *Ibidem.*
7. MOODY, Raymond. *A vida além da vida*. São Paulo: Butterfly Editora, 2004.
8. RAWLINGS, Maurice. *Beyond death's door*. Nova York: Bantam, 1978.
9. SABOM, Michael. *Light & death*. Grand Rapids, USA: Zondervan, 1998.

Capítulo 6 – A consciência não precisa do cérebro

1. SABOM, Michael. *Light & death*. Grand Rapids, USA: Zondervan, 1998.
2. SHARP, Kimberly C. *After the light*. New York: William Morrow, 1995.
3. van LOMMEL, Pim *et al. Near-death experience in survivors of cardiac arrest: a prospective study in the Netherlands*. Lancet 2001; 358: 2039-45.
4. FONTANA, David. *Is there an afterlife? A comprehensive overview of the evidence*. London: O Books, 2005.
5. RAWLINGS, Maurice. *Beyond death's door*. Nova York: Bantam, 1978.

6. Hallucinations. <http://www.healthatoz.com/healthatoz/Atoz/common/standard/transform.jsp?requestURI=/healthatoz/Atoz/ency/hallucinations.jsp> (acessado em 25 de outubro de 2007).
7. KARDEC, Allan. *O Livro dos Espíritos*. Questão 429. São Paulo: Petit Editora, 1999.

Capítulo 7 – Vendo com os olhos da alma

1. RING, K. & COOPER, S. *Mindsight*. Kearney, EUA: Morris, 1999.
2. *Idem*.
3. *Ibidem*.
4. FONTANA, David. *Is there an afterlife? A comprehensive overview of the evidence*. London: O Books, 2005.

Capítulo 8 – Mude sua vida, ou...

1. RAWLINGS, Maurice. *Beyond death's door*. Nova York: Bantam, 1978.
2. ROMMER, Barbara R. *Blessing in disguise*. St. Paul, EUA: Llewellyn, 2000.

Capítulo 9 – Suicídio, uma escolha equivocada

1. ROMMER, Barbara R. *Blessing in disguise*. St. Paul, EUA: Llewellyn, 2000.
2. *Idem*.
3. *Ibidem*.
4. XAVIER, Francisco C. *Nos domínios da mediunidade*. RJ: FEB, 1992.
5. __________. Francisco C. *Emmanuel*. Rio de Janeiro: FEB, 1938.

Capítulo 10 – *Overdose*, uma viagem infernal

1. ROMMER, Barbara R. *Blessing in disguise*. St. Paul, EUA: Llewellyn, 2000.
2. *Idem*.
3. WILLS, Thomas A., Yaeger, Alison M. & Sandy, James A. *Buffering effect of religiosity for adolescent substance use. Psychology of addictive behaviors*. Educational Publishing Foundation 2003, vol. 17, número 1, págs. 24-31 0893-164X/03/.

4. DAVIS, Margot T. *Spirituality in adolescent decision touse drugs: a review of the literature and theory*. Brandeis Graduate Journal. Vol. 2, 2004.
5. MASELKO, Joanna & BUKA, Stephen. *Religious activity and lifetime prevalence of psychiatric disorder*. Social Psychiatry and Psychiatric Epidemiology, vol. 43, número 1, págs. 1-86. ISSN 0933-7954; 1433-9285 (online).
6. KARDEC, Allan. *O Evangelho Segundo o Espiritismo*. Cap. 5, Item 19. São Paulo: Petit Editora, 1997.

Capítulo 11 – Crianças próximas da morte

1. MORSE, Melvin & PERRY, Paul. *Closer to the light*. Nova York: Villard, 1990.
2. WILLIAMS, Kevin. *dr. Melvin Morse*. <http://neardeath.com/experiences/experts06.html> (acessado em 20 de outubro de 2007).
3. PARNIA, Sam. *What happens when we die*. Carlsbad, EUA: Hay House, 2006.
4. ATTWATER, P.M.H. *Children of the new millennium*. Nova York: Three Rivers, 1999.
5. *Idem.*
6. MORSE, Melvin. *Where God lives*. Nova York: HarperOne, 2001.
7. ATTWATER, P.M.H. *Children of the new millennium*. Nova York: Three Rivers, 1999.
8. GREYSON, Bruce & BUSH, Nancy E. *Distressing near-death experiences*. Psychiatry Journal, vol. 55. Fevereiro de 1992.

Capítulo 12 – Nossa dupla natureza

1. *Alfred Russel Wallace*. <http://en.wikipedia.org/wiki/Alfred_Russel_Wallace> (acessado em 18 de novembro de 2007).
2. BLANKE, Olaf et al. *Neuropsychology: stimulating illusory own-body perceptions*. *Nature* 419, 269-270 (19 de setembro de 2002) | doi:10.1038/419269a.

3. Citado em SABOM, Michael. *Recollections of death*. Nova York: Harper, 1982.
4. KARDEC, Allan. *O Céu e o Inferno*. Instituto de Difusão Espírita – IDE. Araras, SP, 2003.
5. XAVIER, Francisco C. *O Consolador* (pelo Espírito Emmanuel). Rio de Janeiro: FEB, 1997.
6. KARDEC, Allan. *O Livro dos Médiuns*. Parte Primeira, Cap. 1. São Paulo: Petit Editora, 2004.

Capítulo 13 – Como nasceu a ciência de EQM

1. *Iands – History and Founders*. <http://www.Iands.org/about_Iands/Iands/history.html> (acessado em 20 de outubro de 2007).

Capítulo 14 – A conversão de um cético

1. SABOM, Michael. *Recollections of death*. Nova York: Harper, 1982.
2. *Idem*.
3. van LOMMEL, Pim et al. *Near-death experience in survivors of cardiac arrest: a prospective study in the Netherlands*. Lancet 2001; 358: 2039-45.

Epílogo

1. XAVIER, Francisco C. *Emmanuel*. 22ª Edição. Rio de Janeiro: FEB, 1938.

Bibliografia

Alfred Russel Wallace. <http://en.wikipedia.org/wiki/Alfred_Russel_Wallace> (acessado em 18 de novembro de 2007).

ATWATER, P.M.H. *Muito além da luz.* Rio de Janeiro: Record, 1998.

__________. *Children of the new millennium.* Nova York: Three Rivers, 1999.

ATWATER, P.M.H & MORGAN, David. *The complete idiot's guide to near-death experiences.* Indianapolis: Alpha, 2000.

BLANKE, Olaf et al. *Neuropsychology: stimulating illusory own-body perceptions. Nature* 419, 269-270 (19 de setembro de 2002) | doi:10.1038/419269a

CARDENA, E.; STEVEN, J.L. & KRIPPNER, S. *Varieties of anomalous experiences.* American Psychological Association. Washington, D.D., 2000.

CROOKAL, Robert. *During sleep.* University Books. Secaucus, EUA. 1974.

FONTANA, David. *Is there an afterlife? A comprehensive overview of the evidence*. London: O Books, 2005.

GREY, Margot. *Return from death*. New York: Arkana, 1985.

GREYSON, Bruce & BUSH, Nancy E. *Distressing near-death experiences*. Psychiatry. Vol. 55, fevereiro de 1992.

IANDS – History and founders. <http://www.Iands.org/about_Iands/Iands/history.html> (acessado em 20 de outubro de 2007).

KARDEC, Allan. *O Livro dos Espíritos*. São Paulo: Petit Editora, 1999.

__________. *O Livro dos Médiuns*. São Paulo: Petit Editora, 2004.

__________. *O Evangelho Segundo o Espiritismo*. São Paulo: Petit Editora, 1997.

__________. *O Céu e o Inferno*. Instituto de Difusão Espírita – IDE. Araras, SP, 2003.

__________. *A Gênese*. Instituto de Difusão Espírita – IDE. Araras, SP, 2002.

MOODY, Raymond. *A vida depois da vida*. São Paulo: Butterfly Editora, 2004.

MORSE, Melvin & PERRY, Paul. *Closer to the light*. Nova York: Villard, 1990.

__________. *Transformed by the light*. Nova York: Villard, 1992.

__________. *Visões do espírito: como as pessoas vêem a morte*. Rio de Janeiro: Record, 1998.

__________. *Where God lives*. Nova York: HarperOne, 2001.

PARNIA, Sam. *What happens when we die*. Carlsbad, EUA: Hay House, 2006.

PLATO's *Phaedo*. Nova York: Cambridge University, 1955.

__________. *The Republic*. Nova York: Penguin, 1955.

RAWLINGS, Maurice. *Beyond death's door*. Nova York: Bantam, 1978.

RING, Kenneth. *Life at death*. Nova York: CM & G, 1980.

RING, Kenneth & COOPER, Sharon. *Mindsight*. Palo Alto, EUA: William James Center, 1999.

RITCHIE, George. *Voltar do amanhã: um psiquiatra descreve aqui sua própria experiência no outro lado da morte*. Rio de Janeiro: Nórdica, 1980.

ROMMER, Barbara R. *Blessing in disguise*. St. Paul, EUA: Llewellyn, 2000.

SABOM, Michael. *Recollections of death*. Nova York: Harper, 1982.

__________. *Light & death*. Grand Rapids, USA: Zondervan, 1998.

SCHICKER, Michael. *Best evidence*. Lincoln, EUA: 2002.

SHARP, Kimberly C. *After the light*. New York: William Morrow, 1995.

van LOMMEL, Pim et al. *Near-death experience in survivors of cardiac arrest: a prospective study in the Netherlands*. Lancet 2001; 358: 2039-45

XAVIER, Francisco C. *Emmanuel*. Rio de Janeiro: FEB, 1938.

<http://www.guia.heu.nom.br/bibliografia.htm#[71]> (acessado em 10 de setembro de 2007).

__________. *O Consolador* (pelo Espírito Emmanuel). Rio de Janeiro: FEB, 1997.

ZALESKI, Carol. *Otherworld journeys*. Nova York: University, 1987.

Para relatar suas experiências pessoais, acesse o *site* do autor: www.admirserrano.com e clique em "fale com o autor".

Ao terminar a leitura deste livro, talvez você tenha ficado com algumas dúvidas e perguntas a fazer, o que é um bom sinal. Sinal de que está em busca de explicações para a vida. Todas as respostas que você precisa estão nas Obras Básicas de Allan Kardec.

Se você gostou deste livro, o que acha de fazer com que outras pessoas venham a conhecê-lo também? Poderia comentá-lo com aquelas do seu relacionamento, dar de presente a alguém que talvez esteja precisando ou até mesmo emprestar àquele que não tem condições de comprá-lo. O importante é a divulgação da boa leitura, principalmente a da literatura espírita. Entre nessa corrente!

Allan Kardec

O Evangelho Segundo o Espiritismo

O livro espírita mais vendido agora disponível em moderna tradução: linguagem acessível a todos, leitura fácil e agradável, notas explicativas.

Disponível em três versões:
- **Brochura** (edição normal)
- **Espiral** (prático, facilita seu estudo)
- **Bolso** (fácil de carregar)

O Livro dos Espíritos

Agora, estudar o Espiritismo ficou muito mais fácil. Nova e moderna tradução, linguagem simples e atualizada, fácil leitura, notas explicativas.

Disponível em três versões:
- **Brochura** (edição normal)
- **Espiral** (prático, facilita seu estudo)
- **Bolso** (fácil de carregar)

O Livro dos Médiuns

Guia indispensável para entender os fenômenos mediúnicos, sua prática e desenvolvimento, tradução atualizada. Explicações racionais, fácil entendimento, estudo detalhado.

Disponível em duas versões:
- **Brochura** (edição normal)
- **Espiral** (prático, facilita seu estudo)

Coletânea de Preces Espíritas

Verdadeiro manual da prece. Orações para todas as ocasiões: para pedir, louvar e agradecer a Deus. Incluindo explicações e orientações espirituais.

- **Edição de Bolso**

Leia e recomende!
À venda nas boas livrarias espíritas e não-espíritas.

Sucessos da Petit Editora

Sinal verde
Espírito **André Luiz**
Psicografia de **Francisco Cândido Xavier**

Best-seller espírita: mais de 500 mil exemplares vendidos, agora em moderna edição, ilustrada por imagens sugestivas. Mensagens do Espírito André Luiz que reconfortam a alma e nos levam ao encontro da paz e da verdadeira felicidade.

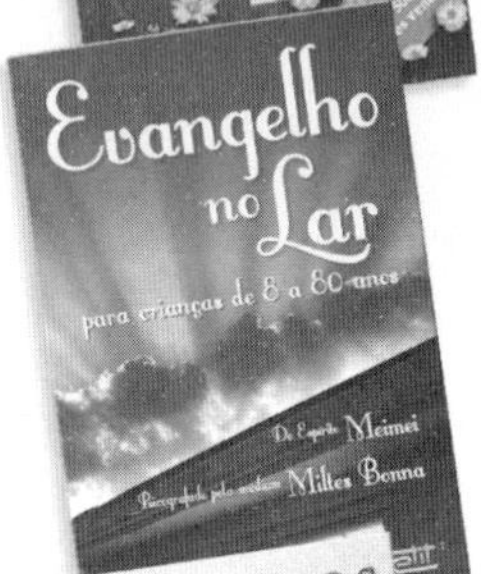

Evangelho no lar
Do Espírito **Meimei**
Psicografado pela médium **Miltes Bonna**

"Apressar o momento em que o *Evangelho*, à luz do Espiritismo, deve adentrar o lar e aí fazer morada, é dever de todo cristão". Com estas palavras, Joanna de Ângelis, por meio do médium Divaldo Pereira Franco, saudou a publicação deste livro.

Sejamos felizes
Espírito **Antônio Carlos**
Psicografia da médium **Vera Lúcia Marinzeck**

Nestas belíssimas páginas, lições que nos conduzem à verdadeira felicidade. Explicando a origem de nossas dificuldades, Antônio Carlos ajuda-nos a entender que a vida responde aos nossos atos e nos devolve aquilo que endereçamos aos outros.

Para viver bem...
De **Humberto Pazian**

Livro de bolso que reserva grandes alegrias para quem está em busca de novas forças para vencer. Descubra você também que o essencial está ao seu alcance! Por maior que seja a dificuldade, nada resistirá ao seu desejo de viver feliz!

Leia e recomende!
À venda nas livrarias espíritas e não-espíritas

Livros de José Carlos De Lucca

Vale a pena amar

Trata-se da primeira incursão de José Carlos De Lucca pela crônica, gênero literário tão do agrado do leitor: histórias curtas, experiências vividas pelo escritor e episódios marcantes. Livro que ilumina o caminho do leitor que deseja alcançar a verdadeira felicidade.

Força espiritual

Todos nós merecemos ser felizes! E o primeiro passo para isso é descobrir por que estamos sofrendo. Neste livro encontramos sugestões práticas para despertar a força espiritual que necessitamos para enfrentar e vencer nossas dificuldades, transformando nosso destino.

Atitudes para vencer

O sucesso depende de nossas atitudes! Neste livro, José Carlos De Lucca, o autor do *best-seller Sem medo de ser feliz*, mais de 90 mil exemplares vendidos, analisa e exemplifica atitudes que nos ajudam a vencer. Acredite: tudo pode ser muito melhor do que você imagina!

Olho mágico

Até onde seus olhos alcançam? Será que é realidade o que está vendo? Veja as oportunidades que estão à sua frente! A alegria e a paz estão ao seu alcance como nunca viu. Essa é a proposta de *Olho mágico*. Descubra que, a partir de uma nova perspectiva, tudo pode mudar!

Se você quiser conhecer todos os nossos títulos, e se interessar em receber um catálogo, sem compromisso, envie seus dados para Caixa Postal: 67545 – Ag. Almeida Lima – CEP 03102-970 – São Paulo – SP ou se preferir via e-mail: petit@petit.com.br

petit

Sucessos da Butterfly Editora

Richard Matheson

Amor além da vida

Best-seller empolgante que deu origem ao filme e emocionou milhões de pessoas!

Formato: 16x23cm
304 páginas

Egidio Vecchio

Educando crianças índigo

Um manual para pais e professores educarem os índigos, essas crianças diferentes que estão nascendo por toda parte.

Formato: 14x21cm
224 páginas

Lee Carroll & Jan Tober

Crianças índigo

Best-seller: os futuros líderes de um mundo em transição estão nascendo por toda parte!

Formato: 14x21cm
272 páginas

Índigos

Dos mesmos autores do *best-seller Crianças índigo*, para você desvendar o espírito da nova geração!

Formato: 14x21cm
248 páginas

Carla Wills-Brandon

Um último abraço antes de partir

No leito de morte, revelações sobre os derradeiros instantes daqueles que vão partir.

Formato: 14x21cm
272 páginas

Raymond A. Moody Jr.

A vida depois da vida

Mais de 13 milhões de exemplares vendidos. Relatos sobre experiências de quase-morte (EQMs).

Formato: 14x21cm
184 páginas

BUTTERFLY EDITORA

Para conhecer outros livros da Butterfly Editora, basta acessar o site www.flyed.com.br ou solicitar um catálogo sem compromisso pela Caixa Postal 67545 - Ag. Almeida Lima - CEP 03102-970 - São Paulo - SP.

Em direção a um mundo melhor